MÉMOIRE

SUR

UNE FIEVRE PUTRIDE

SOPOREUSE,

QUI a régné à l'Hôpital Militaire de Grenoble, depuis le 10 Ventôse, jusqu'au 10 Germinal suivant.

RÉDIGÉ par les Officiers de santé de l'Hôpital.

Ante ver cœperunt Febres ardentes usque ad æquinoctium : pauci verò quidam moriebantur. . . . . . . Quibus quidem benè ac largè sanguis per nares erupit, maximè per hoc servabantur : & nullum novi qui in hac constitutione mortuus esset, si rectè ipsi sanguis profluxisset. Hippocrat. de morb. popularib. Ed. Hall. 1, 119. Cornar. 313.

A GRENOBLE,

De l'Imprimerie de Vᵉ GIROUD & FILS, place aux Herbes,

L'an 5.ᵉ de la République Française, (1797).

AUX INSPECTEURS GÉNÉRAUX
du fervice de fanté des Hôpitaux militaires.

CITOYENS,

LE concours du printemps & de l'arrivée des prifonniers à Grenoble, nous a amené des Fievres aiguës & putrides, qui, par leur nombre, & la fenfation qu'elles ont produite, ont exigé un détail public, pour raffurer les Adminiftrateurs, qui fe font prêtés à feconder nos travaux.

Nous devons vous rendre compte de nos fuccès & de nos malheurs. Vos lumieres & votre expérience fauront encourager les uns, & faire fervir les autres au profit de l'humanité.

Agréez, CITOYENS, l'hommage légitime que vous préfentent des hommes libres ; il eft l'expreffion fidelle de leurs fentiments, & le récit non moins exact des faits qu'ils ont obfervés.

Salut & fraternité.

CABANNE, Chirurgien en chef.

VILLAR, Médecin.

MÉMOIRE

SUR

LES FIEVRES PUTRIDES

Qui ont régné à l'hôpital militaire de Grenoble,
pendant le mois de ventôse de l'an 5.

L E 10 ventôse an 5 , il entra à l'hôpital militaire de
Grenoble 152 malades prifonniers Autrichiens , faifant
partie d'un premier convoi de 900, & des 6000 pris par
le général Buonaparte un mois & demi auparavant. Une
partie de ces prifonniers étoit reftée en route : il en arriva
fucceffivement , foit de ce détachement, foit d'autres qui
le fuivoient, jufques à la fin du mois. Au point que
l'hôpital , qui n'eft réglé que pour 400 lits, eut jufqu'à
857 malades le 24 du même mois.

Ces prifonniers portoient leur linge & habits depuis
plus de deux mois. Ils avoient beaucoup fouffert en
route, foit pour paffer les Alpes, en hiver & à travers
les neiges, foit par les mauvais gîtes , les mauvaifes éta-
pes, relativement au nombre confidérable des détachements,
qui fe fuivoient de trop près.

Il en mourut 200 pendant les vingt derniers jours de
ventôfe, fur 1200 malades vus à l'hôpital ou à la citadelle. Mortalité trop confidérable fans doute , mais qui
fe conçoit d'après l'expofé déjà fait, puifqu'elle ne fe
porte qu'à un fixieme ; tandis qu'il meurt un cinquieme

des malades dans les grands hôpitaux de Lyon, de Paris, &c. Mais diverses circonstances la rendirent frappante pour les citoyens de Grenoble, sur-tout la perte de deux jeunes freres pharmaciens.

Les volontaires de la 58.ᵉ demi-brigade qui avoient conduit les prisonniers, nous donnerent, peu de jours après leur arrivée, environ 150 malades. C'est de la maladie de ces soldats Français, plus uniforme, plus réguliere, comme ayant reçu des secours plus efficaces, & comme intéressant infiniment plus l'art de guérir & les citoyens, dont il sera plus particuliérement question dans ce mémoire. Elle a paru communiquée, en grande partie, par le contact des hardes & habillements des prisonniers Autrichiens : elle a présenté les caracteres d'une fievre putride soporeuse : la saignée cependant a pu être pratiquée, & l'a été avec succès : ce qui mérite d'être connu de nos chefs, de nos collegues, du public même.

La ville, les administrateurs, & quelques officiers de santé, à la nouvelle de la mort de plusieurs prisonniers Autrichiens, ayant été frappés d'une terreur panique, qui troubla momentanément la tranquillité publique & le service de l'hôpital, il faut d'abord la combattre. Lorsque nous aurons fait tomber le fantôme de la peur, nous marcherons d'un pas plus assuré, nous y verrons mieux. Les citoyens, épouvantés du nom de l'hôpital, de la fosse aux morts, & du voisinage des officiers de santé, leur rendront leur confiance, ils oseront les aborder. Quant aux officiers de santé qui ont pu partager ces allarmes, nous les plaignons sous deux rapports : s'ils avoient consulté l'expérience & leur propre intérêt, ils auroient su que la peur est une maladie morale qui dégrade l'officier de santé, & l'exposé à tomber malade.

L'empressement des habitants de Grenoble à secourir les prisonniers Autrichiens lors de leur arrivée, est dû à cet enthousiasme généreux qui caractérise la nation, & sur-tout le Grenoblois. Mais cet enthoufiafme, qui n'a dû furprendre que ceux qui ne connoîtroient pas l'efprit des citoyens de Grenoble, étoit irréfléchi & ne pouvoit durer. Auffi nous avons vu nos concitoyens prodiguer, on pourroit dire proftituer leurs foins bienfaifants, porter des foupes, du vin aux prifonniers de la citadelle pendant la deuxieme décade de ventôfe, s'armer de défiances envers nous & envers les magiftrats vers la fin du mois. Après s'être enthoufiafmé pour le foulagement de ces victimes de la guerre, le peuple s'eft laiffé perfuader que nous avions négligé les précautions convenables pour les inhumations. Après avoir vu des prifonniers mourir d'indigeftion à la citadelle; d'autres tomber malades, arriver à l'hôpital portant des quartiers de pain de ménage de 3 à 4 livres; d'autres, des facs remplis de morceaux pefant 15 à 18 livres; quinze jours après, parce qu'un excès de fatigue aura fait tomber malades des infirmiers & des officiers de fanté, nous voyons évanouir toute confiance envers les officiers de fanté.

Citoyens collegues, fupportons ce revers, ne nous plaignons ni de nos peines, ni des dangers qui nous menacent: le fervice des hôpitaux, quoique pénible & défagréable, eft pour nous le pofte d'honneur. Nous fommes Français: fouvenons-nous que jamais le courage n'abandonna ce beau nom: que le héros de l'Italie trouve en nous des hommes dignes de la nation, qui fachent, à fon exemple, allier le courage à l'humanité. Ceux qui nous taxent légérement de négligence, ne favent pas combien de fois nous nous fommes courbés, fatigués chaque jour auprès des malades jetés à terre fur des paillaffes, en attendant de les ifoler, de les placer fur des lits ou fur des treteaux. Mais ils ignorent auffi cette douce fatisfaction, qui eft le partage & la récompenfe des ames élevées, celle de foulager nos femblables, de leur rendre la fanté, quelquefois la vie.

Tel eſt le ſort du peuple, il ne ſauroit être juſte, ni raiſonner en maſſe, parce qu'il ne peut avoir de retour ſur lui-même, ni avoir de reſponſabilité. Auſſi l'enſemble des citoyens ſemble ſe précipiter comme un torrent & ſe dévouer par ſa chûte à des préjugés. Que le mot de peuple n'offuſque perſonne : un ci-devant avocat diſoit publiquement, il y a peu de jours « la médecine n'exiſte pas ». Cet homme de loi ne s'étoit pas encore donné la peine de réfléchir ſur le plus utile des arts. Quel exemple ! ou plutôt quel motif de dériſion pour un homme inſtruit ! quel ſujet plus propre à juſtifier le peuple, & à nous dédommager des cenſures injuſtes, de la part des citoyens moins éclairés.

Depuis le 10 juſqu'au 20 ventôſe, les convois des priſonniers Autrichiens ſe ſont ſuccédés tous les deux jours ; au point qu'au lieu de 297 malades que nous avions à cette premiere époque, en moins de quinze jours, nous en eûmes 857 le 24 ſuivant. Qu'on juge de la gravité des maladies & de notre embarras parmi un ſi grand nombre. Qu'on juge de la confuſion dans un hôpital qui n'étoit organiſé que pour 400. La pénurie inévitable de fournitures, de ſubſiſtances, d'officiers de ſanté, & ſur-tout d'infirmiers ; un ſurcroît plus que doublé de travail dans toutes les parties, firent ſuccomber les infirmiers & les officiers de ſanté.

Il y a dans les hôpitaux un infirmier pour douze malades, un chirurgien pour vingt-cinq, un pharmacien pour cinquante, & un médecin ou chirurgien en chef pour deux cents. Telles ſont des proportions que des réglements fondés ſur un ſiecle d'expériences, nous ont fixées.

A des maladies accidentelles dues à ces embarras, à ces travaux forcés, s'eſt réunie l'infection communiquée par les hardes ou haillons des priſonniers. Ces hommes avoient voyagé par 600 & par 1000, ſe ſuivant à un jour d'intervalle : ils portoient & couchoient avec le même linge depuis plus de deux mois : leurs haillons fe détachoient par lambeaux. Ils avoient couché en route dans des hangards, dans des remifes, entaffés, parce que le trop grand nombre & la mal-propreté faifoient par-tout reculer l'humanité reconnue infuffifante. Les étapiers, les municipalités de canton, ont-ils fait leurs devoirs, ou feulement leur poffible ? C'eft au moins douteux, à en juger par l'état de ces prifonniers. Auffi ils arrivoient exténués, jaunes, bafanés, fuccombant de fatigue fous une fueur graffe & fétide. Nous ne cherchons ici à inculper perfonne, mais à nous difculper nous-mêmes des foupçons qu'on pourroit ajouter à ceux déjà élevés. Il eft mort des prifonniers en route, à Vizile, à Briés, à la citadelle, dans les rues de Grenoble, dans la cour de l'hôpital & fur les efcaliers, avant de pouvoir être placés : ce n'étoit fûrement pas notre faute. Lorfqu'on faura combien ont été graves & dangereufes leurs maladies, on fe perfuadera fans peine que tous ces maux étoient finon néceffaires, au moins inévitables en pareilles circonftances.

Après la nouvelle qu'il étoit mort plus de 100 Autrichiens, deux officiers de fanté, & que d'autres étoient malades à l'hôpital, on fema des alarmes, on groffit le nombre des morts & le danger de la contagion dans toute la ville. On ne vit pas les caufes de cette mortalité que nous étions occupés à connoître pour y porter remede : nous en apperçumes d'abord trois caufes manifeftes :

1.º La fatigue, l'épuifement & la mal-propreté des Autrichiens ;

2.º La fatigue & l'abus du vin en route des volontaires, foit pour fe foutenir, foit parce qu'ils en avoient les moyens ;

3.º L'excès de travail de nos infirmiers & des officiers de fanté ; & l'infection, qui ne pouvoit alors qu'être foupçonnée.

Les cinq individus qui, le lendemain & le surlendemain de l'arrivée des Autrichiens, avoient recueilli & transporté leurs hardes & habits, étant tous tombés malades huit ou dix jours après, nous eûmes la preuve du danger de la contagion.

Durant l'automne dernière, nous avions reçu à l'hôpital plus de 300 prisonniers: la vermine, la gale, une fievre cardialgique & bilieuse par épuisement, sans contagion quelconque, étoient les seules maladies qu'ils avoient manifestées.

Par quelle fatalité a-t-on répandu dans la ville, que la fosse étoit mal dirigée & mal couverte ? On ne peut s'occuper ici des causes qui ont pu donner lieu ou accréditer des erreurs populaires si peu fondées ; il suffit de les combattre par des faits. Le temps étoit sec & frais, presqu'à la glace pendant la nuit. La fosse avoit dix pieds de profondeur, on avoit mis de la chaux vive & trois pieds de terre sur les derniers cadavres : elle est à cent toises de distance au nord, derriere le magasin à poudre, qui la sépare de l'hôpital, située sur le rempart, isolée dans un jardin ouvert au nord & au midi. Nos salles bien aérées, bien propres. Nulle odeur, ni infection près de la fosse : comment auroit-elle pu donner la moindre infection ? Le danger n'étoit pas au cimetiere ; il existoit dans un excès de travail, dans l'affluence & l'encombrement des malades, & enfin dans les haillons des prisonniers, comme nous avons dit.

Dans des moments où le peuple croit son salut en péril, il s'agite, il est toujours prêt à s'émouvoir : un conseil sage peut le rassurer, le calmer ; mais une tête exaltée, un esprit faux ou mal intentionné peut l'égarer. Son inquiétude est parvenue aux administrateurs municipaux, qui, pour mieux le rassurer, se sont transportés à l'hôpital, & nous au milieu d'eux pour les édifier. L'économe, déjà baloté dans l'opinion publique, incarcéré pen-

dant la terreur, devoit être encore cette fois le sujet ou
le prétexte de nouvelles alarmes. Un officier de police,
on ne sait d'après quelle impulsion, est venu de son chef
donner des ordres, faire répandre de l'eau à pleins arrosoirs
sur la fosse aux inhumations, comblée trois jours auparavant. Cette mesure n'a été que ridicule & puérile ; mais
elle eût été dangereuse, si l'eau avoit pu être versée en
quantité suffisante pour éteindre la chaux que nous avions
fait répandre sur les cadavres pour les consumer. Mais
elle a été dangereuse, en ce que Cotterousse, en y défér-
ant, a oublié qu'il devoit nous consulter : elle l'a été
sous un autre rapport aussi important que la bonne harmonie dans un grand établissement ; c'est qu'en abusant ainsi
de la confiance des magistrats, cet officier de police, érigé
en ordonnateur, a distrait nos infirmiers, nos servants,
des soins qu'ils devoient aux malades & de leurs devoirs,
& a concouru peut-être à leur occasionner des maladies
par cet excès de travail. Nous étions tous excédés de
peine & de souci; & si ces embarras se fussent prolongés,
ils nous eussent tous écrasés.

Cette digression, étrangere à nos devoirs d'officiers de
santé, devoit trouver ici sa place ; elle étoit nécessaire
pour exprimer nos sentiments, notre respect aux lois, &
à leurs organes nos magistrats, autant que pour manifester
notre indignation contre tout abus qui révolteroit la justice
& les lumieres de la saine physique. Ces hommes, au
moins imprudents, peut-être coupables, qui ont colporté
la terreur & abusé de la confiance, apprendront à connoître leurs devoirs, ou à se masquer plus adroitement
une autre fois : ils ne nous rendront pas la tranquillité
qu'ils nous ont ravie momentanément ; mais le public les
méprisera, & nous rendra justice. Il pourroit nous dire,
peut-être : que faisiez-vous, officiers de santé, au lieu
de vous préparer, de vous attirer l'opinion publique ?
Nous ne sommes point faits pour mendier la confiance ;

nous tâchons de la mériter & de la conferver : nous ne
fommes pas de vils charlatans pour chercher à éblouir ;
mais nous avons mieux fait, nous avons agi.

Après avoir parlé au public & aux magiftrats la langue
de la faine phyfique & celle des hommes libres, nous allons
parler le langage de l'art aux médecins & aux chirurgiens.
C'eft d'eux que nous invoquerons les lumieres pour être les
interprêtes de nos fentiments, & les juges naturels & com-
pétants de notre conduite. C'eft par eux que nous voulons
être accueillis ou blâmés, fi nous le méritons. Afin de leur
épargner la crainte de nous voir errer avec l'érudition fyf-
rématique des écoles & des faftes de la médecine, nous
allons nous borner au récit fidele de ce que nous avons fait,
de ce que nous avons vu. Si nous devons citer les auteurs
qui ont écrit l'hiftoire ou le traitement des maladies analogues à celles que nous avons eues à traiter, ce ne fera
qu'après en avoir fait le tableau d'après les notes & les
relevés de nos cahiers.

Dans les hôpitaux, pour que les formules & les prefcrip-
tions foient exécutées, elles doivent être fimplifiées autant
qu'il eft poffible. Le militaire offre un autre avantage : le
foldat n'eft reçu que depuis 18 jufqu'à 50 ans, pour le
plus grand nombre. Nous avons au-deffous quelques tam-
bours, quelques enfants de troupes ; & au-deffus, quelques bons vétérans ou invalides, qui ont bravé par leurs
forces phyfiques & par leur courage, les fatigues de la
guerre & les ennemis de la patrie ; ce font, en un mot,
pour la plupart, des hommes robuftes. Que nos lecteurs ne
fe fcandalifent donc pas du peu de remedes. La médecine
d'Hippocrate auffi étoit fimple : elle fait notre admiration
depuis plus de vingt fiecles.

Histoire de la Maladie.

Les volontaires de la 58.e demi-brigade étoient venus de
la Vendée, où ils avoient effuyé de grandes fatigues. Peu

de temps après leur arrivée en Italie , après plusieurs ba-
tailles , ils furent chargés de la conduite des prisonniers :
aussi , la fatigue multipliée & reiterée par ces trois causes,
fit que ces militaires nous donnerent successivement , depuis
le 15 jusqu'au 30 ventôse , plus de 150 malades. Il paroît
que ce n'est pas le jour ni le lendemain de leur arrivée , mais
deux ou trois jours après être arrives & s'être reposes. S'ils
eussent continué une marche moins pénible , il est probable
qu'ils auroient eu moins de malades.

On ne peut disconvenir que ces soldats Français , depuis
un mois de marche , & depuis les environs de Mantoue
jusqu'à Grenoble , n'aient eté exposes de plusieurs manie-
res. D'abord , ils conduisoient des détachements de 600 &
de 900 prisonniers : ils étoient sans cesse auprès d'eux ,
partageoient leurs mauvais gîtes ; exposés au contact & à
l'exalaison de leur transpiration mal-propre & infecte : obligés de veiller, les garder , ils n'avoient d'autres avantages
qu'un peu plus de propreté & de vin ou eau-de-vie , ayant
tous reçu leur prêt arriéré avant de partir ; aussi ils avoient
le teint rouge & très-allumé : souvent , & presque toujours,
les nausees , le vomissement , devançoient la fievre.

Ils entroient presque tous du 5 au 6 de leurs premiers
apperçus de maladie ; rarement le 4. S'ils entroient plus
tard, la maladie alors n'étoit pas si aiguë , ni tout-à-fait
la même.

Ils avoient éprouvé des lassitudes douloureuses dans tous
les membres , & un violent mal de tête. La figure rubi-
conde , la peau seche & brûlante ; le pouls dur & plein,
à en juger par le voisinage de l'artere , car il étoit peu élevé.
A peine un sur dix avoit éprouve un ou deux petits frissons
irréguliers ; mais tous avoient vomi ou eu des nausées.
Plusieurs ont eu des hémorragies par le nez le soir ou le
lendemain de leur arrivée. Lorsque ces hémorragies ont
paru avant le septieme jour , & qu'elles ont été modérées ,
elles ont soulagé le malade sans suspendre la marche de sa

maladie. Mais lorfqu'elles ont été exceffives, au-delà d'une livre & demie ou deux livres de fang, elles ont abattu la fievre & le malade, prolongé la maladie en fufpendant fa marche, & lui ont donné une allure chronique.

Plufieurs malades, moins robuftes & moins colorés, ont eu des fueurs le 3, le 4 ou le 7 : mais ces fueurs n'ont fait que fufpendre la maladie; fes fymptômes ordinaires ont reparu après : à peine deux ou trois fur 150 fe font trouvés guéris après ces fueurs, & n'ont eu que des fievres éphémeres, prolongées, ou *fynoques* fimples. Chez le plus grand nombre, la fievre s'eft jugée le 14, le 15, le 17 ou le 21.ᵉ jour. Sa plus grande intenfité commençoit le 9 ou le 11; quelquefois elle diminuoit le 13, lorfqu'elle étoit plus bénigne. Il y en a eu qui ont rechûté, ou qui, par des imprudences du malade, des complications du tempérament, fe font prolongées jufqu'au 27, même au 30.ᵉ jour.

Plufieurs malades ont rendu des vers par la bouche, même vivants, quelquefois en quantité : ce qui, joint au caractere putride de la maladie, au féjour de ces malades en Italie, où les maladies font plus vermineufes, ainfi qu'en Corfe, nous a autorifés à donner des contre-vers pendant les huit premiers jours, de deux l'un.

La langue feche & brune devenoit noire, raccornie & tremblotante; au point qu'après le 8 ou 9.ᵉ jour, le malade ne pouvoit l'avancer fur le bord des levres. Les mains auffi trembloient fouvent : ce dernier fymptôme étoit mauvais; lorfque la petiteffe & l'irrégularité du pouls s'y joignoient, il étoit mortel. Le premier, c'eft-à-dire la langue noire, étoit le figne ordinaire & pathognomonique de cette fievre : il étoit conftant; mais il ne devenoit dangereux que lorfque les foubrefauts des tendons & un affoupiffement permanent l'accompagnoient.

Dès le 8 ou le 9.ᵉ jour, le teint du malade devenoit fouvent livide & plombé; des pétéchies vermeilles & iné-

gales, que nous appellerions plus volontiers le pourpre
benin, couvroient le haut de la poitrine, plus rarement le
cou & les bras. Il n'y avoit pas un moment à perdre, il
ne falloit plus faigner ni purger alors, mais appliquer un
véficatoire à chaque molet des jambes. A cette époque, la
tête fe prenoit ainfi que la langue ; les idées devenoient
obfcures, le malade indifférent ; les yeux larmoyants ou
collés, étoient de mauvaife augure.

Vers le 11 , lorfque la maladie étoit bénigne ou bien
traitée, les yeux prenoient leur jeu & leur éclat, &
déjà le malade commençoit à fortir de fon affoupiffement
& à fe reconnoître. Mais, dans le plus grand nombre,
ce n'étoit que le 13 ou le 14.ᵉ jour, quelquefois même
le 16 ou le 18.ᵉ ; la langue alors fe dépouilloit peu-à-peu,
fouvent tout-à-coup ; elle devenoit jaune, enfuite blanche ;
quelquefois cette croute aride qui la recouvroit, fe déta-
choit par plaques, tandis qu'elle perfiftoit encore pendant
trois ou quatre jours fur les levres & fur les dents de deffus.
Il eft arrivé à quelques fujets vigoureux, de crier à la
faim, le 13 ou le 14, le jour même où la fievre ceffoit,
où la langue commençoit à fe nettoyer : il falloit accorder
une tranche de pain dans le bouillon, la crême de riz, ou
quelques pruneaux.

Nous avons eu deux ou trois violents tranfports qui ont
néceffité la faignée de pied : moyen plus doux & moins
dangereux que les liens & la contrainte des infirmiers,
pour contenir les malades.

TRAITEMENT employé.

LES malades entroient du 5 au 6, rarement le 4,
à dater de leurs maux de tête, douleurs des membres &
dégoût.

1. Boiffon copieufe d'une infufion légere de fureau ou
de camomille, aiguifée, fi c'étoit le matin.

2. Un grain de tartre ſtibié avec deux onces d'oximel ſcillitique édulcoré, s'il y avoit toux : ce qui purgeoit & faiſoit vomir ſans danger, ſans néceſſiter les boiſſons, ni les précautions ordinaires des vomitifs que le grand nombre de malades ne permettoit pas d'adminiſtrer. Le même jour, ſouvent le ſoir, une ſaignée au bras de dix onces.

Quelquefois nous donnions le grain dans la tiſanne commune acidulée, dans l'emulſion, dans l'eau de veau ou le petit-lait, ſelon l'urgence, le tempérament du malade & les indications. Le ſoir, bols contre vers, bains de pieds ou lavement.

3. Un minoratif, lavement le ſoir ou bains de pieds.

4. Expectation ; à moins que l'étonnement, le teint livide ne nous décidaſſent à appliquer les véſicatoires : cette époque correſpondoit ordinairement au 8, 9 ou 10 de la maladie, en commençant dès ſon apparition, ſes premiers ſymptômes apparents, qui permettoient malheureuſement aux malades d'héſiter entre l'eſpérance que ce ne ſeroit rien, & la répugnance qu'ont tous les hommes à ſe déclarer malades, à ſe rendre à l'hôpital.

Les jours ſuivants, on ſuivoit les indications au doigt, & à l'œil, autant que nos lumieres, notre expérience & le nombre trop peu proportionné des malades aux officiers de ſanté & ſervants, nous permettoient.

Les infuſions de camomille ou de ſerpentaire, acidulées, édulcorées avec le ſirop de kina, ou nitrées, ou rendues calmantes & plus diaphorétiques, nous ſervoient tour-à-tour de toniques & de calmants, pour ſoutenir les forces, modérer la diarrhée, lorſqu'elle preſſoit le malade de ſortir du lit plus de trois ou quatre fois en 24 heures, & pour leur procurer un peu de repos pendant la nuit. Le vin, la thériaque, les bols de camphre nitrés & le diaſcordium, la décoction de kina, ſon infuſion dans le vin, ſervoient tour-à-tour à augmenter l'effet des premiers ; tandis que l'émulſion, le tamarin même & les juleps acidulés ſecondoient les derniers.

Nombre de malades ayant pris des rhumes ou des extinctions de voix, au moment même du déclin de la fievre, il a fallu employer les bechiques doux, la reglisse, le looch blanc, le kermès, quelquefois l'ipeca. Ces épiphénomenes nous ont paru en partie être accidentels & occasionnés par l'air froid des fenêtres; moyen qui nous parut indispensable pour combattre les pétéchies, la disposition putride, & pour préserver nos salles de l'infection. Quelquefois aussi l'extinction de voix avoit lieu après le 14, au moment de la cessation de la fievre; mais alors elle étoit l'effet naturel de l'irritabilité & de la sensibilité, engourdies par le miasme septique, qui avoit suspendu les secrétions bronchiques, ainsi que celles du mucus de la langue & de la bouche.

CRISES.

NOUS touchons la partie la plus délicate, la plus discordante parmi les observateurs. Mais nous sommes officiers de santé militaires, obligés par conséquent d'agir, plutôt que d'étudier & de raisonner : nous allons donc rendre compte de ce que nous avons observé, avec la franchise & le courage des hommes libres : le public éclairé appréciera, classera les faits & nous jugera.

Crise (mot grec) signifie jugement. Il y en a de bonnes & de mauvaises : mais nous ne regardons comme telles que les changements notables, les efforts de la nature, le 4, le 7, le 11, le 14, le 17 ou le 21.ᵉ jour des maladies aiguës.

Nous avons apperçu des sueurs copieuses le 4 & le 7 ; mais quoique consolantes & suivies de calme, elles ont été incomplettes & insuffisantes, la maladie ayant repris sa marche, n'ayant pas été moins orageuse, & quelquefois mortelle. Leur peu de fréquence, sur 10 à 12 malades parmi 150, annonçoit que ce n'étoit pas là le but de la nature.

Les diarrhées, utiles au commencement, & pendant le plus haut période des symptômes, n'ont servi qu'à procurer un calme passager; & lorsqu'elles ont duré plus de quatre à cinq jours, lorsqu'elles étoient fréquentes, elles rendoient la maladie plus longue & plus dangereuse.

Les hémorragies par le nez ont produit à-peu-près le même effet: elles ont calmé la violence des symptômes, les ont suspendus. Mais trop répétées & trop copieuses, elles ont occasionné des langueurs, la surdité, des syncopes, des éblouissements de la vue, des douleurs fixes sur un côté de la tête; ont prolongé & même dénaturé la maladie, en lui faisant perdre sa marche ordinaire.

Vers le 13, le 14, le 16 ou le 18, la fievre cessoit; la peau s'humectoit, la langue se dépouilloit, le malade toussoit, crachoit; les urines, toujours rouges, déposoient alors un nuage léger, (nous n'avons pas vu de sédiment marqué); rarement une ou deux selles bilieuses. Ainsi se terminoit la maladie. On dira que c'est faute de pouvoir ou de savoir observer les crises que nous ne les avons pas vues. Comme nul n'est tenu de rendre compte de ce qu'il n'a pas en son pouvoir, nous nous contentons de croire que cette fievre se juge ou se termine ordinairement par *lyse*, c'est-à-dire, d'une maniere insensible, & non par *crises*.

CRISES *sinistres, ou symptômes mortels.*

NOUS avons dit plus haut que le teint livide & plombé pendant deux ou trois jours entiers; que le delire, ou l'assoupissement constant sans relâche le jour & la nuit, pendant cinq à six jours, étoient très-dangereux & même mortels. Nous devons ajouter qu'une sueur grasse, visqueuse & expressive, le météorisme à peine observé à l'hôpital, mais moins rare ailleurs, les selles involontaires pendant plusieurs jours, enfin le délire après le 20.e jour, n'ont pas été moins funestes.

I.

1. Réſumons : Des boiſſons copieuſes & diaphorétiques, le 1.er jour.

2. Emetico-cathartique, ſaignée copieuſe, bols contre
vers, & bains de pieds, le 2.e.

3. Tiſanes laxatives acidulées, lavement & calmant
léger, le 3.e.

4. Repos, expectation, quelquefois les véſicatoires,
le 4.e.

5, 6, 7 & 8. Tenir le ventre libre ; combattre les
ſymptômes, ſelon leurs indications & le tempérament du
malade.

Tiſanes diaphorétiques acidulées, émulſions, boiſſons
copieuſes.

Bouillons, deux par jour juſqu'au 5 ; jus de pruneaux,
ou crême de riz, pour faciliter ou modérer les ſelles,
lorſqu'il y avoit diarrhée.

La thériaque, le diaſcordium le ſoir ; un peu de vin
ſur chaque bouillon, ou mêlés enſemble.

Le ſirop de kina, l'infuſion de ſerpentaire, les bols de
camphre & de nitre pendant l'état de la maladie, parvenue
à ſon période, qui duroit depuis le 8 ou le 9 juſqu'au
14, 16 ou 18, & depuis le 1.er juſqu'au 10 ou 12, à
compter depuis le jour de ſon entrée à l'hôpital. Voilà
en peu de mots le tableau du traitement.

Il eſt une infinité de détails & de phénomenes amenés
par des circonſtances particulieres, qui ne peuvent point
entrer dans l'expoſé d'un traitement général : ce ſont des
exceptions qui ne peuvent trouver place que dans les obſer-
vations individuelles. C'eſt à chaque práticien à ſaiſir le
moment de placer à propos chaque remede ; à les ſuſ-
pendre, à les varier, ou à les renforcer & les changer
même, lorſque les cas l'exigent : car c'eſt dans l'à-propos,
c'eſt dans l'*occaſio præceps* le moment fugitif que brillent
la ſagacité & le mérite. Il ne faut pas moins avoir l'œil
ſur l'air, la ſalubrité, la température de l'appartement,

B

que fur les dofes d'aliments & de boiffons, fur les habitudes, les defirs du malade, qu'il faut favoir apprécier
& concilier. Il faut avoir l'œil auffi fur les infirmiers,
les gardes-malades, rarement attentifs, encore plus rarement dociles, & prefque toujours difpofes par amour-
propre & par habitude à fe conftituer juges, & à fe placer
entre le malade & le médecin.

RECHERCHES *fur le nom, le caractere & les caufes de cette fievre.*

NOUS avons nommé fievre *putride foporeufe* celle qui
nous a procuré environ 150 foldats de la 58.ᵉ demi-brigade, qui avoient conduit les prifonniers Autrichiens, &
qui étoient tous, à quelques légeres variations près, atteints
des mêmes fymptômes. Elle a eu lieu depuis le 12 ventôfe
jufqu'au 12 du mois fuivant. Outre qu'elle commençoit à
diminuer à cette époque, nous l'avons obfervée & traitée
fur un grand nombre d'individus : elle a été affez uniforme
pour mériter l'attention des officiers de fanté & des adminiftrateurs, également empreffés de fe rendre utiles,
foit par l'utilité du traitement employé, foit en provo-
quant de nouvelles lumieres & de nouvelles obfervations
en rendant celles-ci publiques.

On trouvera la defcription de cette fievre fous le nom
de fievre *fynoque putride* dans la plupart des auteurs. Quelques-uns lui ont donné le nom de fievre ardente : mais
ce nom donné par Hippocrate à plufieurs fievres aiguës,
doit être réfervé pour les fievres bilieufes d'été avec redoublement, qui font très-communes en Italie, en Pro-
vence, en Corfe, à Minorque, en Efpagne, &c. dont
la fievre jaune des Antilles, le mal de Siam, ou la fievre
des matelots, n'eft que le dernier degré le plus exalté,
par la chaleur des climats chauds.

Piquer l'a fpécialement décrite fous le nom de fauffe

fievre ardente ; Riviere & Sennert, fous celui de fievre
fynoque putride, de fievre ardente & de fievre maligne.
Sydenham lui donne le nom de fievre d'hiver, ou de fievre
dépuratoire de 1685. Grant la nomme fynoque non putri-
tride ; tandis qu'il réferve celui de fynoque putride pour la
fievre bilieufe d'été, qui eft la fievre ardente des pays chauds.

Quefnay la décrit fous le nom de fievre ftercorale & de
fievre dépuratoire. Selle, dans fa pyretologie, a voulu,
ainfi que Grimaud, d'après Baillou, borner le nom de fynoque putride à celle qui a fon fiége dans les vaiffeaux, &
réferver le nom de fievres remittentes gaftriques à celles qui
ont leur fiége dans les premieres voies, foit par un amas
de bile, foit par un miafme, foit par d'autres matieres
impures ou corrompues.

Lommius, Cullen, Sauvages, & plufieurs auteurs
claffiques, l'ont décrite fous le nom de continente putride,
ou de fynoque putride, ou de fievre maligne *typhus*.

Lorfqu'elle acquiert plus d'intenfité & de danger, foit par
la contagion, le refferrement, le défaut d'air & de propreté
du local, foit par les affections de l'ame, le chagrin, la
foibleffe, la débilité accidentelle ou conftitutionnelle du
fujet, elle fe prolonge, devient nerveufe, & prend le
nom de fievre des armées, des hôpitaux ou des prifons, fi
bien décrite par Pringle, Monro, Huxam, &c.

La fievre mézenterique de Baglivi n'en differe pas non
plus effentiellement, mais feulement par un degré de debi-
lité tenant au climat, à la faifon, ou aux tempéraments
individuels, qui aggrave les fymptômes en prolongeant
la durée de la maladie.

N'oublions pas que celle dont il eft ici queftion, a paru
à Grenoble vers l'équinoxe du printemps, par un temps
froid & fec, au point que la pluie n'a pas mouillé la terre
à un pied de profondeur depuis environ un an. N'oublions
pas non plus qu'il y a peu de pays où les maladies, ainfi
que le climat du printemps & de l'automne, different au-

tant qu'à Grenoble : qu'en automne les fievres intermittentes, fur-tout les quartes, y réfiftent à tous les remedes & à tous les régimes, qui ne font pas plus dangereux que la maladie ; tandis que le printemps les combat,
les travaille, les change & les guérit. Le printemps eft
ici vraiment fec & méridional ; tandis que l'automne eft
humide, brumeux & boréal. D'après ces obfervations,
ceux qui voudront faire entrer la fynoque inflammatoire
du printemps parmi les variétés de cette fievre, pourront
juftifier cette dénomination par les variétés plus bénignes,
plus régulieres, qui fe font terminées, quoiqu'en petit
nombre, avant le 14.ᵉ jour.

Les médecins claffiques, les écrivains & les profeffeurs,
trouveront que nous rifquons de confondre en voulant
trop fimplifier les efpeces ; ils croiront que nous n'avons
pas fu affez diftinguer les fievres, & que c'eft faute d'attention & de difcernement que nous regardons comme variétés, 1.° la fievre inflammatoire ou fynoque fimple de
l'hiver & du printemps ; 2.° la fievre fynoque putride des
premieres & des fecondes voies ; 3.° le typhus, la fievre
maligne des camps, des hôpitaux & des prifons ; & 4.° la
fievre pétéchiale ou peftilentielle, fans parler des fievres
vermineufes, &c. Nous l'avons craint nous-mêmes, &
nous nous fommes fait cette objection. Alors, ouvrant
les meilleurs auteurs, tels que Charles-le-Roi, Glafs,
Selle & Stoll, nous avons trouvé la même réduction ;
nous avons vérifié de plus, que ceux qui, comme Riviere,
Sydenham, Hoffmann & Stoll, ont recueilli des faits &
donné féparément des obfervations individuelles, ont quelquefois féparé dans leurs claffes & leurs dénominations fyftématiques ou générales, des fievres que la pratique les a
forcés de rapprocher & même de confondre au lit des malades. Qu'on life ce dernier, Stoll, *rat. med. 3*, pag.
104 ; on verra qu'il a traité à Vienne, au mois de
mars 1779, une fievre putride inflammatoire, qui avoit

le plus grand rapport par fes fymptômes & par fa durée, avec celle que nous obfervons à Grenoble dans ce moment. Comparez enfuite ce qu'il dit, *Aphorifm. febr.*, pag. 95, 97, 202, 203, 240, 250, 251 & 258, parlant des fievres putrides, des fievres malignes, des fievres éruptives ou pétéchiales; & Stoll, ainfi que la nature, dont il eft le fidele interprête, vous convaincront que ces fievres ne font que les divers degrés, les diverfes variétés de la même fievre.

Leurs différences, les feules effentielles, font 1.º la faifon; 2.º l'âge du fujet; 3.º la gravité des fymptômes; 4.º les vers, la délicateffe du fujet, les affections morales, les hémorragies, les diarrhées outrées ou prolongées qui les compliquent, les prolongent ou les dénaturent. Les autres différences font le domaine de chaque obfervateur; elles ne fauroient être tracées ni circonfcrites, fans embarraffer l'art d'inutilités, & fans méchanifer l'artifte. C'eft parce que la médecine n'eft pas un vil métier ni un art méchanique, qu'elle ne fauroit avoir des regles fûres, difoit Hippocrate (1); c'eft parce qu'elle eft le partage des hommes diftingués, qui s'eftiment trop pour s'avilir, qu'elle ne fauroit être enfeignée ni tranfmife, & qu'elle doit s'acquérir par le tact, le jugement, l'expérience & la réflexion.

Nous avons parlé d'Hippocrate, un des plus grands génies de la Grece, celui qui, de fon temps, honora les beaux jours de fon pays avec un très - petit nombre d'autres : celui qui, parmi nous, pourroit être comparé à Newton, à Defcartes, à Leibnitz, va nous offrir un paffage dans fes conftitutions & fes maladies populaires, qui eft tout-à-fait analogue à la fievre que nous venons de traiter. En voici la traduction : « Dans cette conftitution, avant le printemps, commencerent des fievres ardentes jufqu'à l'é-

_____

(1) *Hippocratis lex. Cornar.*, p. 3, *de locis in homine*, p. 80, 81,

» quinoxe. Tous ceux qui furent malades ce printemps &
» l'été fuivant, guériffoient ; il en mourut très-peu. Ceux
» qui eurent des faignements de nez confidérables guérif-
» foient ; & je n'en connois aucun de mort parmi ceux qui
» perdirent du fang, même en automne : c'étoient des
» fievres ardentes (1), car Silene en perdit peu le 4.ᵉ &
» le 5.ᵉ jour de fa maladie, & mourut ».

Joignons ici l'hiftoire de Silene, elle n'eft pas longue ;
elle eft efquiffee avec le ftyle mâle & énergique de fon auteur (2). « Silene demeuroit près les enfants d'Evalcide :
» après des fatigues, des exercices outrés & des excès de
» vin, il prit la fievre ; il eut mal aux reins, la tête pefante
» & une tenfion douloureufe au cou. Le premier jour,
» diarrhée bilieufe & écumeufe, fort colorée ; les urines
» étoient noires, ainfi que leur dépôt : il fut très-altéré,
» la langue devint feche, paffa la nuit fans dormir. 2.ᵉ Jour,
» fievre aiguë ; déjections plus claires & plus copieufes,
» toujours écumeufes ; urines noires, nuit laborieufe ;
» tomba en délire. 3.ᵉ Jour, redoublement avec tenfion
» molle aux hypocondres, jufqu'à l'ombilic ; déjections
» liquides noirâtres, point de fommeil ; il parloit beau-
» coup, rioit, chantoit, & ne pouvoit fe contenir.
» 4.ᵉ, même état 5.ᵉ, déjections bilieufes, luifantes &
» graiffeufes ; urines claires. Le 6.ᵉ jour, il fua autour
» de la tête ; les extremités devinrent froides & livides ;
» les urines & les felles fe fupprimerent ; fievre toujours
» aiguë. 7.ᵉ Jour, il perdit la parole ; point d'urines, point
» de parole. 8.ᵉ Jour, une fueur froide fur tout le corps,
» avec des boutons rouges puftuleux, qui ne fuppurerent
» pas. Un fuppofitoire lui fit rendre, avec douleur, des
» excréments & des urines brûlantes ; un peu de chaleur aux
2 extrémités, un peu de fommeil, fans parole, urines

---

(1) *De morb. popularib. conftitutionis* 3 ed. *Hall.* 1, 119.

(2) *Des maladies populaires*, 2 malades, *Hall.* 1, p. 128.

» claires. 9.ᵉ, même état. 10.ᵉ, il ne put prendre aucune
» boisson, tomba dans l'assoupissement ; urines copieuses ;
» sédiment blanc, semblable à de l'orge moulu ; extré-
» mités froides. Le 11.ᵉ, il mourut. Il eût toujours une
» respiration rare & grande, & des battements aux hypo-
» condres. Il étoit âgé d'environ vingt ans ».

Il semble que cette observation est faite pour un des soldats de la 58.ᵉ demi-brigade : elle diffère seulement en ce
que les urines étoient noires & les progrès de la maladie plus
rapides, parce que le malade d'Hippocrate étoit plus jeune
& habitoit la Grece, pays plus chaud. D'ailleurs, combien
de Silenes parmi nos malades par excès de fatigue, ayant un
peu abusé du vin !

Nous avons prouvé que la fievre putride, qui déjà s'é-
toit montrée à Grenoble & ses environs, dès la fin du
mois de pluviôse, tenoit du caractere des fievres inflammatoires ou synoques simples & sanguines du printemps,
nous avons prouvé par le tableau de sa marche & de ses
symptômes, par sa durée au-delà de quatorze jours, par la
langue noire & l'assoupissement, qu'elle appartenoit plus
particulierement à la synoque putride ; nous l'avons vue
très-grave, très-dangereuse, accompagnée de pétechies,
de soubresauts des tendons ; d'hémorragies, de prostration
des forces, de la disparition du pouls, de syncopes, &c.
Point de doute alors qu'elle tenoit aussi aux fievres nerveuses, malignes & contagieuses.

Il nous reste à examiner ce mélange funeste, cette complication de fievres inflammatoires, putrides, vermineuses
& malignes dans le même hôpital, durant l'intervalle d'un
mois, pendant la constitution froide & seche du printemps.
Si nous pouvions prouver que le fond de la maladie tenoit
à cette même constitution du printemps ; que la putridité
& les vers dépendoient de la fatigue excessive des soldats,
de leur régime peu régulier pendant la route, & de leur
séjour anterieur dans l'Italie & la Vendée, il nous seroit

facile de conclure que la malignité, la contagion, qui
font venues la compliquer & l'aggraver, la rendre très-
dangereufe & allarmante, n'étoient dues qu'aux hardes &
habillements des prifonniers Autrichiens, infectés par la
mal-propreté & l'entaffement durant plus de deux mois, fans
être changés ni lavés.

· Parmi les officiers de fanté inftruits, ou qui ont la conf-
cience de leurs devoirs, il n'en eft pas un qui ignore l'influence des faifons & de leur température fur les maladies.
Qu'il exifte fous les tropiques, à Otahiti, dans les mers
auftrales, une température égale, un printemps perpétuel,
où la fanté, comme la vigueur & la taille, atteignent leur
plus haut période, fans ces contraftes rétrogrades & pério-
diques qu'amenent les faifons ; il n'eft pas moins vrai que
depuis l'immortel Hippocrate jufques à Sidenham, à Glafs,
à Grant en Angleterre, à Baillou à Paris, à Ramazzini,
&c. en Italie, les maladies particulieres à chaque faifon font
reconnues & bien conftatées.

Quant à la feconde partie, la caufe de la putridité, elle
fe trouve fi fouvent accompagner les fievres catharales
d'hiver, les inflammatoires du printemps, les bilieufes
d'été, & même les pituiteufes ou cachétiques d'automne,
que nous aimons mieux préfumer qu'il exifte en nous
une difpofition, une tendance plus ou moins prochaine à
fe développer; que tous les hommes, depuis 17 ans jufqu'à 60, même au-delà, portent en eux le germe d'une
fievre putride. On nous demandera peut-être ce que nous
entendons par ce mot ? Une fievre aiguë de 14 jours au
moins, de 28 au plus, qui caufe l'affoupiffement, noircit
la langue, & qui fe juge par feptenaires ou demi-fepte-
naires, par la fueur, les urines, les felles & les crachats,
d'une maniere plus ou moins parfaite & plus ou moins
fenfible. D'après cette définition, nous adoptons le mot
ufité de fievre putride, fans en garantir la jufte application. Il eft impropre, fi l'on veut, puifque les praticiens

les plus célebres ont varié dans son application : mais nous suivons ici l'opinion du plus grand nombre.

On nous dira peut-être que la majorité des médecins ne fait pas saigner dans les fievres putrides. C'est sans doute dans les remittentes d'été ou de l'automne ; lorsqu'ils sont appelés après le 6.e jour ; lorsque l'âge ou le tempérament du malade excluent la saignée : car nous croyons, hors de ces exceptions, que la maladie exige la saignée, même lorsqu'elle ne paroît pas indiquée. Mais elle l'est presque toujours :

1.° Parce qu'elle est aiguë & inflammatoire dès son début.

2.° Les hémorragies fréquentes, la suspension des symptômes & le soulagement qu'elles operent, ne l'indiquent pas moins.

3.° L'autorité d'Hippocrate, & celle de Stoll, plus rapprochée de notre climat & de notre siecle, sont d'un grand poids sans doute. Nous seroit-il permis d'ajouter à ces preuves notre propre expérience ?

4.° Dans une salle destinée aux fiévreux, qui contient 60 lits, au milieu de laquelle en aboutit une plus petite, en forme de manche de marteau, contenant 20 lits, élevées à un 2.e étage, percées de toute part & isolées, nous avons eu de 100 à 153 malades, pendant les deux dernieres décades de ventôse. D'abord, 42 fiévreux ou chroniques restants, ensuite 100 Autrichiens. A mesure que des Français entrerent, on évacua successivement les prisonniers dans un hôpital voisin & séparé ; de maniere que le 28 du mois, il ne restoit que 147 Français. Parmi ce nombre se sont trouvées 100 fievres putrides, dont 80 ont été saignés du 4 au 6.e jour de leur maladie. Sur le total des malades, il en est mort trois, & deux qui n'ont pas été saignés. Cinq ont été saignés deux fois : un seul trois, en comprenant une hémorragie au moment de son entrée. Deux ont été saignés au pied. La saignée a calmé la violence de la fie-

vre , procuré du foulagement & fouvent du repos à tous
les malades : elle n'a eu befoin d'être répétée que lorfque
la premiere n'avoit pu donner 8 à 10 onces de fang.

Un jeune homme de 32 ans , nommé Auger , ne fut pas
faigné , parce que fa fievre paroiffoit bénigne. Les bains de
pieds , les contre-vers , ayant été employés , il fut purgé
le 3.ᵉ jour , & le lendemain mis aux riz & pruneaux le foir.
Le 5 il perdit l'appétit : la langue étoit blanche , la tête pefante & peu de fievre. Second laxatif le 6.ᵉ ; c'étoit le
10 de fa maladie. Il rendit fa médecine , mangea une foupe
aux riz à dîné. A trois heures , il alla aux latrines ; en arri-
vant , il fe mit au lit de lui-même , & mourut un quart
d'heure après. La tête & le cou furent livides & rofés à l'inf-
tant : point de doute qu'il ne foit mort d'un engorgement
au cerveau. Le citoyen Jat , médecin , nous étoit mort un
mois auparavant , le 6.ᵉ jour d'une fievre catharale , de la
même maniere , pendant une forte hémorragie par le nez.

Nos malades s'étant à-peu-près renouvelés dans le mois ,
il réfulte que fur environ 300 Français , il n'en eft mort
que 5 ; ce qui eft certainement heureux , puifque plus de
250 ont été gravement malades : ce qui réduit les morts à
un 50ᵉ. Nous ne parlons pas ici des infirmiers ; il nous eft
mort les trois quarts de ceux qui font tombés malades. Ce
font prefque tous des hommes âgés , un peu ufés , qui n'obfervent ni régime , ni propreté , ni précaution ; fouvent
valétudinaires ou mal conftitués ; qui ne pouvant aifément
vivre ni travailler , entrent dans les hôpitaux à 45 ou 50 ans ;
tandis que les foldats de la 58.ᵉ demi-brigade avoient fait
leurs épreuves de fanté & leurs preuves de courage dans la
Vendée , en Italie & en route : ils étoient robuftes , &
avoient peut-être laiffé en chemin ceux qui n'avoient pu
fupporter le dur exercice qui les avoit fortifiés & endurcis.

Sur 1200 Autrichiens , il nous en eft mort plus de 200 ;
ce qui fait plus d'un 6ᵉ : mais ils étoient dans un état de
délabrement défefpérant & décourageant. Ceux qui reftent,

-porteront loin d'ici le témoignage des foins qu'on leur a donnés à Grenoble. Si quelqu'un mérite des éloges, & leur reconnoiffance, ce n'eft pas nous, qui, par habitude & par devoir, fommes dévoués à fervir l'humanite; mais bien les officiers de fanté en chef de l'armée, les commiffaires des guerres, l'ordonnateur Pafcalis, les adminiftrateurs municipaux du département, qui nous ont fecondés, encouragés, avec autant d'intelligence que de générofité.

RECHERCHES *fur l'infection & la contagion des fievres.*

NOUS avons reçu à l'hôpital de Grenoble une cruelle leçon : il feroit pénible de l'avouer, fans l'efpoir confolant qu'elle pourra devenir utile. Cinq hommes qui, faus être infirmiers, fe livrerent courageufement au travail pour débarraffer les falles des habits & haillons des prifonniers, les 13 & 14 ventôfe, tomberent tous dangereafement malades dix jours apiès, & deux font morts après dix ou onze autres jours. Cette opération fe fit en notie préfence, & -fans précaution, pour foulager les infirmiers dejà trop fatigués par 200 nouveaux malades, & uniquement pour les approprier, & nous garantir tous de la vermine dont ces prifonniers étoient couverts. Il avoit paffe & fejourné dans l'hôpital, l'automne derniere, plus de 300 prifonniers de la même nation, venant d'Italie : ils n'avoient communiqué aucune maladie; ils n'ont même que très-rarement la gale; nous en ignorons le motif. Parmi les infirmiers qui fe font aidés à cette opération, & qui ont continué à fervir les prifonniers & les autres malades, douze font tombés malades, & fept font morts. D'après cet expofé, la maladie de même efpece, & à la même époque, de fept officiers de fanté, dont deux font morts, il nous paroît évident que les hardes des prifonniers ont communiqué la fievre putride à plufieurs perfonnes de l'hôpital.

Mais, comme dans le moment de l'arrivée & de l'encombrement de l'hôpital, les maladies ont souvent été mêlées
& confondues ; que des fiévreux arrivants ont été, faute
de lits, couchés avec des malades déjà anciens, avec des
convalefcents, des Français avec des Autrichiens, & ces
derniers avec des Français, fans que la maladie fe foit communiquée du malade à fon voifin, nous devons déclarer
que cette maladie n'eft point contagieufe.

Contagion vient du mot latin *contagium*, qui fignifie,
en notre langue, contact, attouchement. Le fens trop
étendu que notre nation a enfuite donné à ce mot, eft devenu abufif, & même allarmant. La gale eft une maladie
contagieufe ; car elle fe communique par le contact & l'attouchement des habits, du linge & de la perfonne qui eft
atteinte de cette maladie. La petite-vérole auffi eft contagieufe, mais une fois la vie feulement, & pour les dix-neuf
vingtiemes de la fociété. Jacques Lind, dans fon excellent
traité des fievres & de la contagion (1), a prouvé que plufieurs fievres font contagieufes ; mais que les hardes, les
linges & la mal-propreté des navires, les communiquent
bien plus promptement & plus fréquemment que le voifi-
nage, le contact même des malades. On a prouvé à Chefter,
en Angleterre, que la petite-vérole inoculée dans une chambre avec précaution, ne fe communique pas à des perfonnes
qui n'ont pas eu cette maladie, quoiqu'elles habitent une
piece voifine (2). Il eft prouvé par l'expérience, en Afie,
que la pefte, la plus terrible de toutes les fievres malignes
& contagieufes, ne fe communique point hors de la maifon, ayant foin de placer un tonneau plein d'eau à l'entrée,
dans lequel on trempe les hardes & autres effets, ainfi que
les mains de ceux qui fortent de la maifon (3). Le même

(1) Montpellier, in-8.° 1780.
(2) Recherches fur les procédés d'une inoculation générale. Paris,
in-8.° 1786.
(3) Voyez Mém. fur la pefte, par Pâris, in-8.° 1778, p. 64.

auteur affure, après avoir vécu dans ces pays, où une fa-
tale crédulité paroît entretenir cette maladie, que le pain
ne l'a jamais communiquée à perfonne. Il eft prouvé auffi
que l'air renferme en lui-même un moyen puiffant, l'oxigene
fans doute, de détruire, de neutralifer tous les miafmes
morbifiques & contagieux, que nous pouvons appeller les
femences des maladies. Il fuffit donc d'expofer à l'air les
habits des fiévreux, même des peftiférés, pour être purifiés
& définfectés par ce moyen. Nous n'entendons parler ici
que des levains ou germes qui communiquent la fievre;
nous ne pouvons même fixer le temps & la durée néceffaires
pour définfecter les laines, les linges, peaux, fourrures,
&c. Il en eft qui renferment des infectes, de la vermine ou
leurs œufs: la gale, peut-être, eft dans ce cas; car on
voit aifément un petit ver qui habite chaque puftule, avec
une fimple loupe, en mettant une goutte de pus fur l'ongle.
Il en eft, comme les crins, les cheveux, la paille, les
laines & les plumes, qui font creux, fpongieux, ou remplis d'une moële poreufe, dans lefquels ces germes deftruc-
teurs de l'efpece humaine peuvent fe nicher & fe conferver: il n'en exifte que trop de fâcheux exemples.

Le moyen le plus fimple pour fe garantir de l'infection,
c'eft la propreté; changer fouvent de linge, même d'habits;
ufer de fobriété, de fécurité, de végétaux, plutôt que
de nourriture animale, fur-tout d'un peu de vin, de boiffons acides, & fur-tout être modéré. Le lait de chaux
répandu dans les falles & entre les lits, eft le moyen le
plus fûr & le plus facile qui nous foit connu.

Une feconde maniere qui répand les maladies, c'eft cette
caufe générale dont nous ne connoiffons que les effets,
& que nous appellons conftitution de l'air ou maniere d'être.
On l'a appelée épidémique: mais ce mot, par une fuite
de notre légéreté nationale, qui fait tout vieillir, & fouvent dénature jufqu'à fa propre langue, eft encore devenu
terrorifique ou allarmant. Donnons donc aux maladies qui

dépendent de l'air, ou de la faifon, ou des lieux, le nom de maladies populaires ; c'eft précifément le fens qu'exprime le mot grec *Epidémios*, ufité par Hippocrate pour exprimer ces maladies. C'eft ainfi qu'en introduifant dans notre langue un mot grec dont nous avons oublié le fens, nous en avons fait un fantôme qui épouvante le peuple, parce qu'il n'en comprend ni l'origine, ni la véritable application. Cette caufe des maladies fe réunit-elle à ces germes plus fixes, que des hardes, des marchandifes ont confervés nombre d'années, tranfportées au-delà des mers ; tandis que réfidant dans une maniere d'être de l'air, l'autre plus volatile, eft auffi plus paffagere ? Cela eft probable.

Après avoir parlé des miafmes fixes & des conftitutions de l'air comme caufes des maladies, il faudroit difcuter les caufes endémiques & idiofyncrafiques, c'eft-à-dire, attachées à un local, un pays ou à un corps naturellement mal fains ; nous aurions à récapituler alors l'humidité & la mal-propreté, ainfi que les maladies héréditaires, qui font fans nombre. Tantôt ces diverfes caufes viennent fe heurter, fe repouffer (la petite-vérole pi éferve de la pefte) ; tantôt fe combiner & fe compliquer par leur réunion, comme dans le fujet du préfent mémoire, & tantôt peut-être s'entre-détruire. Lorfqu'une affection très-grave, une maladie dangereufe a lieu, elle en obfcurcit une autre qui étoit moindre, quoique plus ancienne. Nous avons vu une multitude de gales arrêtées & fufpendues par la fievre & la bouffiffure. Nous avons vu cette année la petite-vérole furvenir à un foldat qui avoit des chancres bien prononcés : *La cadette* fe porta avec affluence fur la partie qu'avoit couronnée l'aînée ; & la defquamation de celle-là, qui eft une maladie aiguë, emporta celle-ci, qui eft chronique, fans mercure ni autres remedes que la fievre variolique.

Nous ne reviendrons pas fur ce que nous avons dit de l'état d'épuifement & de mal-propreté où fe trouvoient

les prifonniers : ils étoient jaunes, défaits, courbés de
fatigue & d'inanition ; plufieurs fe plaignoient de douleurs
au cardia, de coliques & de diarrhées bilieufes ; ils avoient
peu de fievre ; au point que, quoique malades, à peine un
fur cinquante a été faigné. Aucun n'avoit la langue noire
ni épaiffe, mais elle étoit aride & raccornie ; aucun ne paroiffoit avoir la fievre putride & maligne que leurs hardes
ont communiquée. Il eft plus que probable que ces haillons
contenoient des germes febriles, qui, à l'inftar d'un 20e,
d'un 100e de goutte de pus variolique, font venus
s'implanter dans nos corps au moyen de l'infpiration &
de la déglutition, pour y développer une fermentation
morbifique plus ou moins prompte & plus ou moins
dangereufe, felon l'intenfité de la caufe, fa permanence
plus ou moins foutenue, & felon la difpofition des fujets.
La nature feule combat toutes les maladies : fi le fait eft
vrai, il ne l'eft pas moins qu'elle eft plus ou moins vic-
torieufe felon les forces du fujet, ou la foibleffe de la
caufe. Si quelques-uns de nos malades en ont été quittes
pour des fievres éphémeres, des fueurs copieufes, un
vomiffement, deux ou trois jours de dégoût ; fi quelques-
uns d'entre nous, fans fe préoccuper, ont eu, fans autre
caufe apparente, de ces maux de tête tenaces & profonds
pendant plufieurs jours, de ces courbatures douloureufes
qui faifoient plier les membres durant le jour, & les em-
pêchoient de dormir pendant la nuit ; n'eft-il pas probable
que c'etoient là les premiers degrés, les premieres atteintes
de la maladie, auxquelles la fanté & la propreté ont pu
réfifter ?

Parmi nos malades, il n'en eft pas de plus à plaindre
que les officiers de fanté, non parce qu'ils font plus
expofés, car ils le font peut-être moins à raifon de
l'habitude qu'ils ont de vivre avec les malades ; mais
par le peu de fecours qu'ils obtiennent de la médecine.
Ce n'eft pas non plus faute de confiance de leur part,

ni faute de zele de la part de ceux qui les faignent ; c'eſt
plutôt par crainte de ſe tromper, c'eſt en voulant ſe
diriger eux-mêmes : tandis qu'un excès de précaution &
d'empreſſement ſeroit déjà un obſtacle de notre part. On
ſait que la multitude de remedes & de médecins ſont nui-
ſibles au traitement méthodique, & par conſéquent à la
guériſon des maladies. Nous devons ajouter, que ſi les
officiers de ſanté ſont au-deſſus du commun des hommes
par leurs lumieres & par leur courage, ils ſont ſouvent
au-deſſous lorſqu'ils tombent malades. Il en eſt peu qui
s'abandonnent de bonne heure à un médecin, pour qu'il
puiſſe agir & ſentir ſa reſponſabilité. Nous nous portons
tous auprès d'un collegue malade, & nous ſommes comme
les amis, les parents, les époux auprès des leurs, trop
empreſſes pour les bien diriger. Nous ne donnons pas trop
de remedes ; ce ne fut jamais le goût d'un malade qui
a l'eſprit ſain, ni celui des vrais médecins. Nous n'offrons
pas non plus chacun un biſcuit, du vin, de la confiture ;
nous n'inſultons pas à ce point la raiſon ni le bon ſens :
mais notre zele, nos ſollicitudes nous embarraſſent, &
un véritable ami eſt toujours un pauvre médecin.

Nota. Nous n'avons point négligé les procédés de Morveau, pour
déſinfecter les ſalles ; mais, comme nous n'en avions pas de rechange,
& que l'acide muriatique incommode les malades, le lait de chaux,
la propreté, l'eau, les famigations de vinaigre & de genievre, ont
été employés. Nous avons aéré nos ſalles, au point que le vent
frais qui incommodoit ſouvent nos malades, les a garantis de l'infection. Mais, comme ces moyens ont beſoin d'être ſans ceſſe renou-
vellés ; comme les infirmiers, ni même tous les officiers de ſanté
n'en ſentent pas autant la néceſſité, il faut applaudir au moyen pro-
poſé par le conſeil de ſanté, le 7 ventôſe de l'an 2, iſoler les lits,
ne pas doubler les malades, ni tripler les rangs des ſalles que momentanément, & lorſqu'on eſt aſſez en meſure pour doubler & tripler
les moyens de ſalubrité, afin d'en balancer les inconvénients.

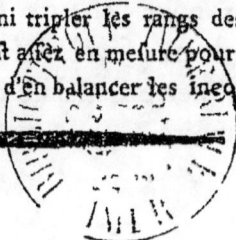

OBSERVATIONS ajoutées au Mémoire imprimé à Grenoble, au commencement de germinal an 5, concernant la Fievre putride soporeuse.

LES observations rédigées par les officiers de santé de l'hôpital militaire de Grenoble, ne portoient que sur un mois d'intervalle & de traitement. Depuis cette époque, un second mois s'est écoulé : la maladie est à-peu-près terminée ; nous avons pu ajouter les rechûtes qui l'ont suivie, les nouvelles maladies qu'elle a occasionnées, & enfin les transitions de son état à celui de son déclin & de la convalescence.

Des personnes estimables par leurs talents & leur philantropie, ayant trouvé que nous n'avions pas parlé de la maladie des prisonniers Autrichiens avec assez de détail ; sans croire mériter ce reproche, le motif en est trop pur pour ne pas y répondre.

Notre but étoit de rassurer la confiance & la tranquillité publique ; d'offrir à nos collegues & à nos chefs nos moyens de guérison ; d'invoquer leurs lumieres & leurs conseils. L'accueil qu'ont fait à ce mémoire l'Administration centrale du département de l'Isere, le cit. Pascalis, commissaire-ordonnateur ; l'empressement des Inspecteurs généraux à nous répondre, à fortifier nos lumieres & à soutenir notre courage par leurs conseils, étoient autant de motifs pour éclaircir des doutes, pour faire part de la suite de nos succès & de nos malheurs avec le même zele & la même franchise que nous avons mis dans le précédent mémoire.

A

DES Maladies des prisonniers Autrichiens.

Lieutand (1) & Haller (2) font les feuls médecins qui
nous ont fourni quelques faits analogues à l'état d'épuifement fébrile dans lequel fe trouvoient les prifonniers
Autrichiens. Hoffmann (3), parmi les caufes générales de
la débilité, a bien parlé de l'épuifement, fuite des excès
de fatigue : mais aucun de ces graves auteurs n'a rapporté
d'obfervation conforme à celle dont nous avons parlé.
Boerhawe & Zimmermann (4) ont parlé des effets terribles
de l'air chaud infecté par l'exalaifon d'une multitude de
perfonnes ou d'animaux renfermés dans des prifons, dans
des étuves, &c. Mais pour traiter ces prifonniers, il a
fallu obferver pas à pas les indications fymptomatiques
de ces fievres, que nous défignerons fous le nom de *fievres*
malignes bilieufes par épuifement. Il a fallu porter un
coup-d'œil attentif & obfervateur fur la complication dangereufe de la mal-propreté habituelle de ces prifonniers,
& fur la contagion que leurs hardes communiquoient ;
tandis que ceux qui les portoient n'avoient point & ne
communiquoient pas eux-mêmes la même maladie.

La chûte & le difcrédit du papier-monnoie en brumaire,
frimaire & nivôfe de l'an 4, nous avoient déjà fourni à
l'hôpital militaire de Grenoble des fievres analogues. Nous
avions appris combien le vin & les aliments font indifpen-
fables au foldat en route, & fur-tout aux voituriers, qui
fatiguent davantage.

Nous vîmes à cette époque, mais c'étoit en automne,

(1) De l'échauffement ; précis de méd. I, 112. De l'épuifement,
p. 115. *Æftus morbofus, &c. virium exolutio. Hift. Anat. med.* 233 & 234.

(2) *Humorum acrimonia fpontan.* Phyfiol. Hall. VI, 166 & fuiv.

(3) *De virium lapfu oper.*, tom. II, 267 & fuiv.

(4) *Chemia* I, 148, expér. en méd. II, 362 & fuiv.

faifon bilieufe & humorale , des fievres éphémeres en apparence , devenir jaunes , compliquées de féchereffe à la langue , de proftration de forces , de fentiments douloureux vers le creux de l'eftomac & le bas-ventre , des fievres malignes enfin de fept à huit jours. Il fallut de légers évacuants acidules , de la limonade , des boiffons vineufes , des bains de pieds fréquents , des bains frais même , pour calmer cet épuifement bilieux & fébrile , qui en quatre à cinq jours nous enleva plufieurs malades.

Eft-ce notre noviciat ou notre exactitude dans l'art de guérir , qui nous font rencontrer des maladies nouvelles , ou que nous n'avons fu retrouver dans les auteurs ? Les perfonnes éclairées en jugeront.

Les prifonniers Autrichiens arrivoient excédés de fatigue , d'ennui , de langueur , & de cardialgies douloureufes. Plufieurs avoient une diarrhée bilieufe , quelquefois diffenterique. Tous les malades avoient le teint jaune , terreux , bafané , & tiraillé par une efpece de grimace fardonique que l'on obferve dans toutes les affections du diaphragme & de l'eftomac. Leur pouls étoit febrile , fréquent , fans être élevé. La peau , tantôt aride , brûlante , & tantôt graffe , onctueufe & fétide.

Le vin donné dans le bouillon & la limonade , qui nous avoient réuffi pour les foldats & voituriers de l'armée attaqués de fievre & d'épuifement l'automne derniere , ne réuffirent pas pour les prifonniers Autrichiens. Le trop grand nombre de malades ne nous permit pas d'employer autant de bains que nous l'aurions défiré. Les farineux , l'eau de riz , l'émulfion , les bains de pieds , les doux évacuants avec le tamarin , la teinture de rhubarbe avec la crême de tartre , la thériaque le foir , donnés avec circonfpection : tels furent les fecours adminiftrés contre une maladie que nous n'avions pas obfervée , & dont on ne trouve pas affez de détail dans les auteurs. Des prifonniers Autrichiens, Croates, Polonois, Cophtes même, dont les races, la langue & les habitudes rendoient l'état plus difficile & plus incertain ; une fievre bifarre, occafionnée par la fatigue, l'ennui, les mauvais gîtes, & le manque de nourriture, que des convois trop nombreux n'avoient pu manquer d'occafionner & d'aggraver : voilà ce qui fit fuccomber les uns plutôt, les autres plus tard, felon leurs forces phyfiques, felon les reffources de la nature & les fecours qui leur furent adminiftrés. Au lieu de fe repofer & de recevoir fur les lieux quelques fecours, ces hommes ne vouloient pas fe féparer de leurs camarades, ils fe trainoient, ou étoient portés fouffrants jufqu'aux hôpitaux les plus prochains.

Qu'on n'imagine pas que nous voulions taxer de négligence ou d'inhumanité ceux qui les conduifoient : nous aimons à croire qu'il n'y avoit qu'impoffibilité de mieux faire dans ces circonftances. A travers les Alpes & les montagnes qui leur font attenantes, le retréciffement des vallées & des gorges difperfe les hommes & force la population de fe proportionner à l'étendue des localités. Dans ces pays, par-tout, les villes, bourgs & villages font moindres que dans les plaines : les fubfiftances fuperflues attirent les hommes. Mais, lorfque des pays refferrés par les torrents & par les montagnes manquent de fubfiftances, les hommes font obligés de fe reverfer ailleurs pour s'en procurer ou en faire naître. C'eft ce qui fait dire en paffant, que, malgré les facrifices & les foins paternels du gouvernement pour les pays pauvres des montagnes & des frontieres, les hommes & les richeffes s'écouleront des montagnes, comme les eaux & les terres, au moyen des torrents, vers les plaines & le centre des grands états, pour s'y accumuler, s'y confondre & s'enfevelir.

Laiffons parler Haller fur les effets de la fatigue & le défaut d'aliments, (Phyfiol. VI, 167 & fuiv.). Lorfque notre fang & nos humeurs font expofés à la chaleur, par l'excès de fatigue ou le défaut d'aliments, ils fe putréfient ; l'eſtomac & les inteſtins perdent leur action , & les hommes périſſent promptement ; l'haleine devient fétide & inſupportable ; il ſurvient des agitations, des douleurs , des angoiſſes , des hémorragies ; les idées ſe troublent , les muſcles entrent en convulſion , & la ſureur précede la mort. De maniere que la fievre aiguë de cette eſpece eſt d'autant plus prompte que le ſujet eſt plus robuſte & plus vigoureux. Il y en a qui périſſent le 2ᵉ, le 3.ᵉ ou le 4.ᵉ jour. C'eſt ce que le récit de pluſieurs priſonniers incarcérés nous a appris.

Voilà bien les baſes élémentaires des altérations putrides de la bile & des autres ſucs. Mais il nous eût fallu des faits particuliers , & nous n'avons pu en recueillir d'aſſez analogues à celui qui s'eſt préſenté.

Les germes infects qu'ont répandus les hardes & habillements des Autrichiens ſur les officiers de ſanté , les employés & les infirmiers de l'hôpital de Grenoble , avoient-ils ou n'avoient-ils pas agi ſur ceux qui les portoient ? C'eſt très-douteux , car leurs maladies étoient des fievres bilieuſes gaſtriques , accompagnées d'angoiſſes douloureuſes : elles étoient plus promptes & plus meurtrieres que celles des Français ; mais elles n'obſervoient aucune marche réguliere.

Tel eſt le caractere convenu des fievres malignes. Leur marche eſt inſidieuſe , c'eſt-à-dire inattendue & trompeuſe. Ici elle étoit en outre très-courte , très-biſarre & très-irréguliere. Le citoy. Fournier , officier de ſanté , & le cit. Meliere , qui ont donné leurs ſoins à un grand nombre de priſonniers , ont obſervé que ces priſonniers étoient également atteints de la fievre maligne des hôpitaux ou des priſons. Ils en ont fait deux claſſes générales :

1.º La fievre maligne avec langue ſeche , ſtupeur , délire obſcur , tremblement des membres , &c. , qui duroit 12 ou 14 jours, quelquefois juſqu'à 25 ; mais ſans apparence de criſes, ſans régularité :

2.º La même fievre compliquée de diarrhée bilieuse & diffenterique, plus meurtriere encore que la premiere.

Dans celle-là, la limonade, le bouillon dans le vin, les juleps acidulés, le quinquina & les émulfions.

Dans celle-ci, les eaux de riz, les décoctions blanches, les teintures de rhubarbe avec la crême de tartre, le diafcordium, la thériaque le foir, les crêmes de riz, la bouillie & panades pour aliments. Voilà les bafes du traitement.

Ils ont, comme nous, obfervé que la décoction de kina, celle de ferpentaire, les juleps camphrés, ont été d'un grand fecours à plufieurs. Mais, lorfque ni les opiatiques, ni le vin, ni les farineux, ne pouvoient arrêter le tenefme, fur-tout s'il étoit fanguinolent, les malades périffoient fous peu de jours. Ils n'ont fait faigner perfonne. Nous avons fait faigner deux Autrichiens parmi les premiers arrivés, qui étoient plus robuftes, moins épuifés. Il en mourut moins alors, parce que c'étoient des jeunes gens de Vienne, qui, en fe rendant, avoient capitulé pour qu'on leur laiffât leur argent, & leurs effets. Ce qui les fervit en route, & fit qu'ils furent moins malades & moins épuifés.

Sur la Fievre putride vernale de l'an 5ᵉ.

Les infpecteurs généraux du fervice de fanté, par leur lettre du 14 germinal, en réponfe de celle qu'un de nous leur avoit écrite le 8, en approuvant le traitement adopté, obfervent que « quoique le vent du nord qui a régné de » puis un mois, ait pu donner lieu à quelques fymptômes » inflammatoires dans les premiers temps de la maladie, » l'indication tirée des fatigues, de l'épuifement, du ré- » gime afthénique (1) & des affections de l'ame qui ont

(1) Mot grec qui fignifie foibleffe.

» précédé , & fur-tout de la proftration , qui arrive du
» 5 au 7 de la maladie , rendent fouvent fufpecte l'éva-
» cuation du fang par la faignée. Ils redoutent également
» les purgatifs. Ils nous rappellent que les médecins qui
» ont mieux réuffi dans le traitement de ces fievres , ont
» cherché à relever les forces des malades par un régime
» acidule & nourriffant , par le vin & les toniques , &
» par les ftimulants , dans le cas de proftration : que le
» quinquina, fur-tout fa teinture fpiritueufe, ont eu le plus
» grand fuccès ; qu'ils font convaincus que nous l'avons
» employé ».

Cette lettre en réponfe à une des nôtres , dans laquelle
nous n'avions pu faire entrer tous les détails confignés
dans le mémoire imprimé que les infpecteurs généraux ont
reçu quatre jours après , n'embraffe que le plan général
du traitement des fievres putrides des hôpitaux. Elle n'a pu
diftinguer l'état différent & prefqu'oppofé de la maladie
des prifonniers Autrichiens , de celui des foldats Français, que nous n'avions pu fuffifamment caractérifer nous-
mêmes dans une lettre. Si notre mémoire imprimé a pu
laiffer fubfifter quelques idées fur l'identité de ces deux
maladies , nous allons nous empreffer de les détruire.

Les prifonniers Autrichiens étoient atteints d'une fievre
bilieufe par épuifement , mal-propreté , fatigue , noftalgie ,
défaut d'aliments & de repos : c'eft un fait. Cette fievre
étoit très-aiguë : fa durée n'étoit que de 8 à 10 jours.
Le pouls étoit fréquent , irrégulier , fouvent peu différent
de l'état de fanté. La peau feche & aride , fouvent brûlante , quelquefois graffe & fétide ; & le teint terreux ,
grimacier ou décompofé des malades , faifoit mieux connoître leur maladie , que la marche du pouls , que les
redoublements & les périodes , car cette fievre n'en avoit
pas.

La fievre putride des volontaires de la 58.e demi-brigade ,
que les officiers de fanté de la ville & nous , avons obfervée

dans Grenoble & fes environs, avant leur arrivée, avoit
au contraire tous les caracteres de la fievre fynoque putride des auteurs. Elle s'eft propagée & aggravée fur les
infirmiers & les employés de l'hôpital : elle s'eft atténuée
au contraire lorfqu'elle a pris des jeunes gens au-deffous
de 18 ans, & lorfqu'elle a eu régné un mois environ.
Cette fievre a paru d'abord pendant le premier feptenaire,
& lorfqu'elle étoit bénigne, chez peu de perfonnes à la
vérité, avoir la marche d'une fynoque fimple, celle d'une
fievre fanguine ou inflammatoire du printemps. Tandis que,
lorfque des perfonnes âgées, foibles, mal conftituées en
étoient attaquées ; lorfque des hémorragies trop confidérables & réitérées la compliquoient ; lorfque des perfonnes
fujettes à des diarrhées & à des affections de l'ame, &
fur-tout des infirmiers âgés & anciens à l'hôpital en
étoient atteints, elle devenoit fievre maligne & nerveufe.
C'eft alors que nous avons vu les vers, le délire, les
convulfions, les foubrefauts des tendons rapprocher les
fievres du printemps, les fynoques fimples & putrides,
du typhus, de la fievre des camps, des hôpitaux & des
prifons. Enfin, les pétéchies & les parotides ont été obfervées fur quelques fujets. Ces variétés obfervées dans
la faifon du printemps, dans le même pays, dans le
même hôpital, & pendant la même conftitution épidémique, fuffifent-elles pour autorifer le rapprochement de
ces diverfes efpeces de fievres ? Lorfqu'elles fe trouveront, comme ici, influencées par la faifon & par la
même caufe, oui ; nous n'en doutons pas. Car, que font
les genres & les efpeces, fi leurs caracteres ne coincident
pas avec leur traitement ? Ils font nuls, fyftématiques
& embarraffants pour la pratique. Au contraire, lorfque
la même conftitution, la même caufe & le même traitement fe rencontrent, leur marche eft connue ; leur traitement eft affuré : il porte fur des bafes inébranlables,
fur les indications naturelles, fur l'expérience de plufieurs
fiecles & de divers pays.

Autant nous étions embarraffés pour trouver un traitement convenable & approuvé pour les fievres des Autrichiens , autant les faftes de la médecine nous en ont
offert avec profufion pour la fievre putride : c'eft ce que
nous avons donné à entendre , p. 4 du premier mémoire.
Nous avons dit que les maladies des foldats de la 58e
demi-brigade avoient plus intéreffé l'art de guérir & les
citoyens ; c'eft-à-dire, leur maladie intéreffoit, en ce
qu'étant connue , nous avons ajouté à l'expérience & à
la conviction des médecins, notre expérience particuliere :
tandis que pour la fievre des prifonniers Autrichiens,
fans ofer affirmer que nous avions pofé la premiere pierre
de l'édifice , nous n'avons eu d'autre expérience que celle
que nous avions faite , il y a fix mois, fur quelques voituriers de l'armée & fur des foldats tombés malades dans
un état de fievre & d'épuifement , lors du difcrédit fubit
du papier.

Mais , en compulfant les écrits des meilleurs auteurs ,
nous n'en avons trouvé aucun qui eût eu à traiter autant
de fievres putrides que nous dans cette occafion. Il eft
même affez rare qu'ils aient préfenté leurs obfervations
fous forme d'éphémérides ou de conftitution. La plupart,
& prefque tous, ont traité de la fievre putride en général,
fans dire en quel lieu & dans quelle faifon elle a paru.
Or , fi tous les obfervateurs font auffi convaincus de
l'influence des faifons & des climats fur les maladies populaires, il falloit prendre pour bafe la faifon du printemps,
& rappeler que celles-ci ont régné à Grenoble , fur des
prifonniers Autrichiens & fur des foldats Français venant
d'Italie. Il refte maintenant à réfoudre quelques queftions
qui fe préfentent naturellement , & dont la plupart nous
ont été faites par de jeunes officiers de fanté , par des
adminiftrateurs , des magiftrats , des medecins même.

1.° Qu'eft-ce que la fievre fynoque fimple ?

2.° En quoi differe-t-elle de la fievre fynoque putride ?

3.º En quoi different des deux premieres, les fievres putrides malignes, connues fous le nom de *typhus*, de fievres des camps, des hôpitaux, des armées & des prifons? De fievres pétéchiales, peftilentielles, contagieufes, &c.

Hippocrate, le premier & le plus grand médecin, n'a pas perdu fon temps à la recherche des fievres; il en a connu les caracteres, les a efquiffés à grands traits : il a rarement parlé de leurs caufes, jamais de leurs définitions.

Depuis Galien jufqu'à Sauvages, à Quefnay, &c. Staalh, de Haen, Bordeu, Barthez, de Grimaud, &c. fe font exercés dans l'examen de la nature des fievres. Tous ont échoué, parce que la fievre, bien-loin d'être une maladie fimple, n'eft que le concours de plufieurs caufes contre lefquelles fe révoltent & fe foulevent le principe de la vie, l'action du cœur, celle des arteres, modifiées par leurs acceffoires & leurs antagoniftes, la fenfibilité des nerfs, l'irritabilité des fibres & la contractilité de toutes nos parties; les fievres, en un mot, ne font pas fufceptibles de définition : leur effence nous eft inconnue, leurs caufes fe confondent, ou nous échappent en fe multipliant : il ne nous refte d'elles que leur fignalement, d'après leurs principaux caracteres, leurs fymptômes, leur marche, leur durée & leur terminaifon. En les obfervant fréquemment liées ou affociées à certaines caufes, nous avons acquis quelques données éthiologiques ou prophylactiques, qui nous aident à les connoître & à les traiter : mais, comme ces caufes, fouvent affoiblies par des caufes contraires, ou par la réfiftance des organes, par des maladies oppofées du fujet, deviennent nulles ou défigurées, c'eft-à-dire, mé-connoiffables dans plufieurs cas, il en réfulte qu'il eft plus qu'inutile, car il eft dangereux pour le malade & pour le progrès de l'art, de s'y appefantir.

Auffi, la théorie de tous les médecins differe, tandis que la pratique fe reffemble : celle-là les éloigne & fait traiter l'art de conjectural; tandis que celle-ci les rapproche tous.

C'eft parce que celle-là eft l'ouvrage de l'homme, le produit de l'efprit, l'enfant de l'imagination. La pratique,
au contraire, tient à la nature ; elle eft forcée de la fuivre
pas à pas, elle tend à feconder fes généreux efforts. La
nature feule guérit les maladies, comme elle réunit les os
& les chairs divifées & feparées ; c'eft elle qui fans ceffe
rappelle les hommes de bonne foi à leurs devoirs : fi l'en-
têtement, le préjugé & l'intérêt y refiftent, le temps &
l'expérience en font juftice, & la poftérité retrouve des
vérités, en vain repouffées par l'opinion du jour la plus
accréditée.

La fievre fynoque fimple, ne dure que fept à huit jours ;
elle eft continue, elle a lieu toutes les heures de la jour-
née, fans intervalle, fans intermiffion ; ce qui n'empêche
pas qu'elle ne redouble, ou ne foit plus forte le foir que
le matin. Telle eft la marche de la nature dans la diftri-
bution des forces organiques de l'efpece humaine en
Europe : nous fommes plus gais, plus agiles, plus libres
d'efprit & de corps le matin que le foir. Il paroît que
cela tient à ce que le jour nous invite au travail, & la
nuit au repos. D'autres pourront chercher à démêler les
influences de la lumiere fur la vie, celle des ténebres fur
la mort ; l'une donne avec le fecours des plantes, l'oxygene
pur ; l'autre, du carbonne : mais il y a loin de l'efpece
humaine aux plantes. D'ailleurs, nos habitudes, la liberté
de penfer & de modifier l'animal par les travaux de l'efprit,
tiendront toujours les influences morales au-deffus de l'analyfe, & hors de toute mefure.

Une indigeftion, la débauche, les excès, & quelquefois
le défaut d'aliments, donnent lieu à des fievres de quelques
jours : on les nomme éphémeres, fi elles n'atteignent pas
le feptenaire. Mais entre les fievres de ce nom & les fynoques qui fe prolongent au-delà de huit jours, entre ces
dernieres & les fynoques putrides, il ne fauroit y avoir
de limites, ni de terme fixe entre les efpeces qu'un plus

grand nombre de caracteres rapproche & qu'un petit nombre éloigne pour en faire des variétés ; il n'existe pas de limites non plus.

Ces principes posés , nous voyons une piqûre , un clou, un panaris , une érésipele , la piqûre des guêpes , abeilles, des orties même , ainsi que des médicaments âcres , les liqueurs , les purgatifs , les stimulants , &c. exciter des fievres : les plaies , les contusions, l'accouchement , les affections morales , en occasionnent aussi ; mais leur intensité & leur durée dépendent moins de ces causes , que de la disposition des sujets : les uns en sont plus malades , d'autres en sont plus affectés , d'autres ne le sont pas du tout. Nous présumons que ces causes stimulantes peuvent agir comme le pus variolique inoculé ou introduit naturellement : il excite une fievre variolique plus ou moins grave , putride même avec pétéchies, vers , convulsions ; tandis que le même virus à même dose , ne produit qu'une fievre synoque simple sur le plus grand nombre , quelquefois nulle , si le sujet a eu la petite-vérole , ou s'il n'a pas de disposition à la prendre dans ce moment.

La fievre synoque simple est donc une fievre aiguë & continue de huit à douze jours , sans symptômes dangereux.

Mais la synoque putride en differe par sa durée de quatorze à vingt-un jours , par des symptômes plus graves, & sur-tout par l'embarras de la tête , la sécheresse & la noirceur de la langue. Qu'est-ce qui peut donner aux individus cette disposition aux fievres putrides ? Des excès, l'intempérance, les chagrins, les affections de l'ame , la diarrhée trop prolongée, les hémorragies outrées, une chambre trop chaude, trop renfermée, des matieres impures, des mauvais sucs sur les premieres voies ; soit que des passions , des affections de l'ame aient troublé les digestions , soit que des œufs, du poisson ou des viandes gâtées aient été introduites dans l'estomac étant déjà corrompues. S'il est prouvé que toutes ces causes ont excité la fievre, il eft prouvé auffi que des eftomacs robuftes leur ont réfifté, & que des Kamfchadales fe font nourris avec du poiffon pourri, qui eût empoifonné d'autres hommes. Il arrive enfuite que l'air frais, les boiffons, l'exercice, la gymnaftique, l'hygiene, la medecine même ont combattu & détruit toutes ces caufes. Mais nous renverrons à l'homme de loi dont nous avons parlé dans le premier mémoire, pag. 6, le foin d'en faire la recherche & l'analyfe. Ici, il s'agit d'ajouter des faits à la maffe precieufe de bonnes obfervations de médecine qui exiftent.

La fievre putride a rarement lieu avant l'âge de quinze ans, & rarement deux fois la vie. Sydenham, Quefnay & autres, avoient donc raifon de la regarder comme une fievre dépuratoire ou épuratoire; c'eft-à-dire, qui purifioit les humeurs, & rafermiffoit la fanté par des évacuations.

L'aridité & la noirceur de la langue, qui, jointe aux douleurs des lombes, aux courbatures qui précedent la maladie, & à la durée de 14 à 17 jours, formant à-peu-près fon caractere, font une maniere d'être qui n'eft pas aifée à définir. La noirceur de la langue fur-tout, que les uns regardent comme figne fufpect de malignité; d'autres, comme fymptôme inflammatoire, tient précifément de ces deux états. Mais, autant cette croute noire & tenace en abrege le terme en les éloignant du grand danger & de la marche prolongée des fievres nerveufes, autant elle les éloigne des fievres fynoques fanguines & fimplement inflammatoires. Ce fymptôme, en un mot, n'eft dangereux, qu'autant qu'il eft joint aux foubrefauts des tendons, au tranfport, à l'affoupiffement prolongé durant le jour & durant plus de cinq à fix jours confécutifs. Mais, dans ces derniers cas, elle eft d'un mauvais caractere: c'eft la fievre maligne & foporeufe des hôpitaux, des prifons & des armées; le *typhus*, la fievre pétéchiale, &c. dont nous parlerons à l'article fuivant.

Au contraire, lorfque la langue eft brune, noire, fans autres fymptômes alarmants, mais fimplement avec une fievre foutenue; les felles, les fueurs, la tête & la refpiration étant libres; c'eft une fievre fynoque putride, très-commune en hiver & au printemps, en ville comme dans la campagne, qui a même lieu en été, mais avec des redoublements, des remiffions marquées, & des amas de bile, qui font, non la caufe, mais le produit de ces fievres d'été.

Cette noirceur de la langue n'a pas lieu, fi la fievre eft benigne; elle n'a pas lieu non plus fi elle doit être longue & dangereufe; elle n'a pas lieu encore chez les tempéraments délicats, rarement chez les femmes; elle n'arrive que très-tard, ou n'a pas lieu du tout, lorfque des hémorragies confidérables ou des diarrhées de plufieurs jours ont affoibli le malade au commencement de fa maladie.

Cet état nous paroît dépendre de la diathefe inflammatoire, qui vraiment domine pendant le premier feptenaire de la maladie, & du défaut de fecrétion du mucus de la langue, qui eft fufpendu pendant le 2.ᵉ feptenaire. Le miafme qui fe développe en nous, ou qui caufe cette fievre, feroit-il de nature fédative à pouvoir engourdir le cerveau & les nerfs? L'état de ftupeur, d'indifférence du malade, fon infenfibilité, le dégoût, les naufées, l'aridité, le raccorniffement tremblotant de la langue, nous autorifent à le préfumer. Les bons effets du kina, de l'opium même dans plufieurs cas de cette efpece, lorfque la pléthore a été fuffifamment diminuée, foit par la diete, par le progrès de la fievre, foit par la faignée & les évacuations, confirment cette éthiologie. On ne doute plus aujourd'hui des effets ftimulants de l'opium; on ne doute pas même qu'il ne foit auffi propre quelquefois à réveiller les malades affoupis, qu'à procurer du fommeil à ceux qui en font privés. Depuis que les médecins font bien convaincus que la nature guérit, il femble qu'elle n'a

befoin le plus fouvent que d'être aidée, ou même contrariée, pour que de fuite elle prenne fa marche naturelle
pour la guérifon.

Nous parlerons plus bas des bons effets du quinquina,
dans le traitement de cette fievre; mais ce ne pourra être
que lorfque nous aurons bien fait fentir fes liaifons
inféparables avec les fievres nerveufes, malignes ou contagieufes, le *typhus*. Ici, il eft bon de répéter ce que favent
tous les bons praticiens: qu'il ne faut pas fe preffer de relever
les forces contractiles des organes, dans le temps d'orgafme,
de pléthore, d'irritation au commencement; mais qu'il faut
préparer le malade de bonne heure aux falutaires effets des
toniques, en préfervant les forces de fuccomber, de fuffoquer
même fous le double conflict de la réaction vitale, infurgée
contre le ftimulant de la maladie & la pléthore occafionnée
par le mouvement, la chaleur & la raréfaction des humeurs.

La fievre fynoqué putride eft donc une maladie grave
de quatorze à dix-fept jours, moins commune que la
fievre fynoque fimple, plus fréquente que la fievre maligne;
mais qui tenant de l'une & de l'autre, les mafque, fe lie
avec elles, & les rapproche.

Des Fievres malignes.

Outre les douleurs des membres & des reins, outre
les courbatures & les friffons vagues, irréguliers, qui
précedent les fievres putrides, dès douleurs fixes à la
tête, des naufées, l'intenfité plus forte de ces avant-cou-
reurs, les fortes paffions, l'épuifement, le chagrin, les
travaux forcés, le manque d'aliments, leur mauvaife
qualité, le mauvais air, l'infection précédente, &c. amenent peut-être les fievres malignes.

Si, à ces caufes, celles de la faifon d'été, les pays
chauds, humides & marécageux, les veilles, les maladies
régnantes, les vers, &c. viennent fe réunir, on a de

plus la complication des fievres remittentes bilieuses, des intermittentes & des fievres lentes nerveuses.

Les grands rassemblements, un grand nombre de malades, le défaut d'air, la mal-propreté ; le voisinage des hardes, des linges sales, des cloaques, des dissenteriques des lieux infects, rendent ces fievres pétéchiales & contagieuses, ou communicatives.

En 1788, nous avons vu périr cinq malades de suite, dans un coin de salle, un angle à l'abri de tout courant d'air : la fievre maligne s'y développoit au bout de huit à dix jours, sans que nous pussions croire que la cause en étoit attachée à cet angle ou aux bois de lit. Depuis qu'on a isolé, espacé nos lits, percé les salles par des soupiraux au ras des planchers & en haut, nous n'avons plus éprouvé de semblables malheurs. Ce ne seront pas les seules découvertes que les guerres de la révolution nous auront fait faire ; tant d'officiers de santé instruits ont été répandus dans les armées, qu'une fois réunis, par le concours de leurs lumieres, l'art de guérir, comme la liberté en France, étonneront l'univers par leurs progrès.

Un jeune homme âgé de 24 ans, chargé de surveiller le service des salles, tomba malade quinze jours après l'arrivée des prisonniers Autrichiens. Il portoit un cautere au bras depuis un an, pour des maux d'yeux. Il étoit foible, pâle, mangeant beaucoup de viande. Il prit la fievre putride maligne ; mais, soit la diarrhée pendant les 5, 6, 7, 8, soit la foiblesse de son tempérament, la langue ne fut noire & la tête prise que le 15. Il étoit tenu à la limonade, l'eau de riz, la décoction blanche. Il alla sous lui du 13 au 25 : on lui administra le quinquina en poudre le matin, & la thériaque le soir, afin de moderer la diarrhée. Sa maladie fut très-longue ; & il tomba dans une fievre lente, ayant une petite toux & des sueurs colliquatives le 32.e de sa maladie.

Un cautere au bras, bien suppurant, n'a donc pas empêché

empêché l'infection : la foibleſſe du ſujet paroît ſeulement avoir ralenti la marche de la maladie.

Pluſieurs infirmiers ſont tombés malades après avoir réſiſté à de violentes douleurs de tête & à un peu de fievre pendant ſix à ſept jours. Leur pouls étoit tout trem-blotant, petit, irrégulier & intercadent, lors de leur entree dans la ſalle.

L'un très-robuſte, âgé de 50 ans, & très-coloré, fut ſaigné au pied en entrant. Il buvoit, & ſe privoit de viande depuis huit jours. Il fut affaiſſé & rêva la nuit ſui-vante : le lendemain on lui mit les véſicatoires. Il mourut le ſoir du 3.ᵉ

Un ſecond, malgré le pouls convulſif & tremblotant, balbutiant ſans ceſſe, prit le tamarin & le julep camphré ; les véſicatoires furent appliqués ; il ſua ; & ſa fievre de-vint bénigne, réguliere le 5.ᵉ jour, le 10.ᵉ de ſa maladie.

Un troiſieme prit ſa maladie parmi les priſonniers Au-trichiens convaleſcents, placés dans un nouvel hôpital, après qu'il y eut reſté huit jours. On ne peut ſavoir s'il n'etoit pas infecté, ayant ſervi à l'hôpital auparavant. Il arriva dans le même état le 4 de ſa maladie : nous le crûmes perdu, tant ſa phyſionomie, ſes ſens internes & ſon pouls étoient décompoſés. Il vomit ; prit de l'infuſion de camomille & de la ſerpentaire le ſoir : il ne ſua point. Le lendemain, deux larges véſicatoires. Le 4.ᵉ ou 8.ᵉ de l'invaſion, on lui adminiſtra un gros de kina en poudre le matin, & les bols de camphre le ſoir : le pouls tou-jours tremblotant comme celui des agoniſants : bouillon mêlé au vin trois fois par jour : décoction de kina émul-ſionné. Le 6.ᵉ, il remit ſon argent, & crut qu'il alloit mourir. Pas du tout : il reprit ſes ſens & un peu ſon pouls. Les véſicatoires ſuintoient, mais ne ſuppuroient pas. On inſiſta ſur l'uſage du quinquina le matin ; camphre & ſerpentaire le ſoir. Le 8.ᵉ jour, parurent deux paro-

B

tides : le pouls fut régulier, mais foible. Le malade périt le 18. Il fut toujours pâle & il eut peu de chaleur depuis le commencement.

Un autre infirmier, jeune & bien constitué, avoit essuyé une fievre putride de 25 jours, en vendémiaire dernier. Le 28 ventôse, 18 jours après l'entrée des Autrichiens, il la prit de nouveau. Elle fut si violente que le 9.ᵉ jour il perdit connoissance, & resta, la bouche ouverte, noire & seche, jusqu'au 14. Nous lui donnâmes du kina, mais à petite dose : nous n'avions pas encore appris ses bons & prompts effets contre cette maladie. La langue s'humecta, il reprit ses sens, entra en convalescence, & fut debout après un mois de maladie.

Nous avons eu plusieurs rechûtes, mais parce que les malades étoient sortis quelques jours trop tôt, à cause du grand nombre qui encombroit l'hôpital. Leurs maladies ne ressembloient point à la premiere. C'étoient des fievres de deux ou trois jours, par accès irréguliers suivis de sueurs, sans prostration, sans langue chargée ni noire ; c'étoient souvent des fautes de régime, le concours de la foiblesse avec l'abus d'aliments, du peu de choix, un peu de vin. Une ou deux purgations, les apozêmes amers, la décoction de kina avec le sel, quelquefois le diascordium le soir, suffisoient pour les rétablir.

Le nombre de malades rentrés & rechûtés fut de 10 à 12 sur 300. Il en périt 3 : l'un presque subitement durant la nuit, un autre d'hémorragie par le nez, & un troisieme d'épanchement dans la poitrine. Parmi ceux restés le temps convenable à l'hôpital, il n'y eut que quatre rechûtes ; aucun ne périt. En général, la maladie étoit aiguë, circonscrite & bien terminée avant le 18.ᵉ jour. La convalescence n'étoit que de 10 à 12 jours : de maniere que la plûpart des malades sortoient vers la fin du mois.

Nous avons vu quelques fievres synoques simples, mais en petit nombre, à peine sur un dixieme des malades.

Les fievres putrides & malignes en formoient les deux tiers pendant un mois, depuis le 15 ventôse au 15 germinal. Pendant la feconde quinzaine de ce dernier mois, elles furent au-deffous de la moitié des malades entrés comme fiévreux.

Les fievres putrides nerveufes & malignes ; le typhus, avec fon appareil formidable d'affoupiffement, d'irrégularité du pouls, de tremblement dans les mains dès les premiers jours, ne fe firent remarquer que fur environ 30 malades fur 300 : ce qui fait un dixieme. Plus de la moitié en périt ; car il en périt 18 fur 30. Mais ces fymptômes allarmants, & prefque toujours mortels, lorfqu'ils ont lieu lors de l'entrée des malades dans l'hôpital, parurent les 9, 10, 11, 12 & 13, fur un très-grand nombre, fans pour cela être mortels.

En général, la marche de cette fievre putride étoit fuivie & affez réguliere : elle ne changea pas de ce qu'elle étoit lorfque nous en avons tracé le tableau, page 10 du précédent mémoire ; feulement elle ne fut plus auffi dangereufe après un mois de fa durée, quoiqu'elle parut avec la même intenfité. Les malades qui fe prolongerent jufqu'à 40 jours, furent à peine de 20 fur 300.

Comment fe fait-il que toutes les épidémies, la petite-vérole, les fievres populaires, les diffenteries, la gale même, foient plus graves dans leur commencement que vers la fin ? C'eft que tout fe fait par périodes & par révolutions dans la nature : c'eft que, de quelle maniere qu'agiffent les miafmes ou virus des maladies, ils perdent, finon de leur intenfité par nos foins, du moins ils épuifent le nombre de fujets difpofés à les contracter, & elles finiffent par n'en trouver, par la fuite, qu'un petit nombre difpofés à les recevoir & à les développer ; c'eft enfin, parce que toutes les épidémies poffibles, indépendamment de la caufe, fouvent contagieufe ou communicative, en trouvent une plus générale & plus active dans la difpo-

fition des fujets. Ici, par exemple, la conftitution feche
du printemps avoit augmenté la diathefe inflammatoire &
propre à cette faifon. Cette caufe étoit générale ou popu-
laire : la difpofition particuliere des individus y a ajouté,
y a greffé & adapté la fynoque putride ou dépuratoire pour
plufieurs ; car ces deux maladies exiftoient, quoiqu'en
petit nombre, difperfées çà & là en ville & en campagne,
avant l'arrivée des prifonniers Autrichiens. Les hardes de
ces derniers, y ont ajouté l'infection, qui l'a communiquée
& l'a rendue plus dangereufe & plus meurtriere, fur-tout à
ceux qui, comme nos infirmiers, joignoient aux deux
premieres caufes une difpofition contractée par leur habitude, leur long féjour dans les hôpitaux, & la mal-
propreté dont ils ne favent ni ne veulent fe garantir.

Nous avons cru pendant long-temps, qu'il étoit très-
rare que le même homme eût deux fois dans fa vie une
fievre putride ; nous avons cru auffi que la force de l'habitude pouvoit nous permettre de fréquenter les hôpitaux,
les prifons & les amphithéâtres, fans danger d'y contracter
des maladies : ces deux affertions font vraies, mais elles
ne le font pas fans exception. L'un de nous contracta une
fievre putride des plus fortes à 17 ans : il fut fans connoif-
fance & fans mouvement une nuit entiere du 16 au 17e jour;
il l'avoit contractée ayant un rhume de cerveau, dans un
pays froid, en mars, en fervant & veillant un homme qui
mourut de la même maladie. A 48 ans, une fievre d'hôpital, plus dangereufe, le prit une feconde fois, le tint 13
jours dans le délire, ayant des véficatoires aux quatre
membres ; la fievre a ceffé le 22.e jour : il refta couché
à plat dans fon lit pendant vingt autres jours, pouvant à peine élever la tête pour prendre des foupes, qu'il
digéroit très-bien : c'étoit en germinal an 2.e : il y avoit
très-peu de fievres putrides alors dans l'hôpital où il faifoit
le fervice. Pendant fa premiere maladie, il eut l'avantage

d'éprouver le fommeil de l'agonie (1) pendant la nuit du 16
au 17 ; mais il fut rétabli le 30 : pendant la feconde, il fut
moins bas, mais plus long-temps & plus dangereufement
malade. Lors de la premiere, il étoit jeune ; la nature fut
aidée, & ne fut point contrariée : dans la feconde, à des
inquiétudes morales il ajouta une imprudence ; il fe fit vomir violemment lors de l'invafion de la forte fievre, après
en avoir négligé les préludes : il fut gratifié du foin de fes
collegues : quatre véficatoires lui furent appliqués ; l'extrait
de kina, l'efprit de mindererus, unis au camphre, mix-
tion terrible pour un tempérament fanguin, lui furent pro-
digués. C'eft ainfi que, tantôt négligés, tantôt par excès
de foins & de remedes, les officiers de fanté malades font
les plus malheureux des hommes : c'eft ainfi que, plus
expofés aux dangers, ils n'en fentent que plus les confé-
quences. Mais ce n'eft plus d'eux qu'ils doivent s'occuper ;
c'eft de leurs devoirs, c'eft du progrès de leur art & du
falut de l'humanité entiere.

Ces obfervations générales & difféminées dans les deux
mémoires, préfentent quelques réfultats intéreffants fur la
marche, fur la nature, fur le traitement prophylactique ou
préfervatif, & fur la guérifon des fievres putrides. Nous
ne nous départirions pas de l'idée que nous avons fuivie,
que dans cette épidémie vernale la fievre fynoque fanguine,

---

(1) Perfonne ne nous enviera cet avantage ; nos lecteurs en ri-
ront, en feront une plaifanterie ; car, en France, fur quoi ne
plaifante-t-on pas ? On a vu des plaifanteries fur la guillotine,
fur les excès, les crimes que cette légereté avoit peut-être exci-
tés : on a plaifanté fur la révolution, l'objet le plus grave & le
plus férieux qui puiffe occuper les méditations des fages. Cependant, Galien trouvoit un grand avantage à être d'un tempérament
délicat, ne fût-ce que pour mieux fentir & pour avoir éprouvé
plufieurs maladies. Ainfi, outre que nos maladies nous apprennent
à mieux juger celles d'autrui qui leur font analogues, elles nous
donnent auffi des leçons & des fouvenirs plus ineffaçables.

la fievre putride , la fievre maligne ou typhus, la fievre lente nerveuse d'Huxam , la fievre pétéchiale & les fievres pestilentielles, nous ont fourni plusieurs variétés qui les rapprochent.

RÉFLEXIONS *sur cette Fievre, sur la Contagion, & les moyens préservatifs.*

La fievre synoque sanguine a lieu au printemps , lorsque les sujets sont sanguins , vigoureux ; lorsque des fatigues, des excès, des suppressions ou retentions de quelques évacuations ajoutent à cette cause. Elle a lieu encore , mais plus rarement, dans les autres saisons, lorsque l'intensité de ces mêmes causes , ou des causes particulieres, viennent se réunir.

Pendant les six ou sept premiers jours, ses symptômes ressemblent tellement à ceux de la fievre putride, qu'il est souvent impossible de les distinguer. Durant le printemps, l'une & l'autre débutent rarement par un frisson : au contraire, rarement sans frisson en été & en automne. Il paroît que le frisson dépend de l'état des premieres voies, plus robustes au printemps, plus foibles en été ; soit par une disposition humorale, un amas de bile ; soit par une diathese particuliere des organes digestifs dans cette saison.

Dès leur début, cependant, les symptômes de la fievre putride sont plus graves ; les douleurs plus vives , plus rébelles ; les lassitudes, les foiblesses , plus réelles ou plus absolues. Des remedes irritants, drastiques , le vomitif même, donnés mal-à-propos, trop tôt ou trop tard, dans ces maladies, changent quelquefois, à ce qu'il paroît, la fievre synoque simple en synoque putride. On peut , on doit même, & presque toujours, faire vomir légérement dans l'une & dans l'autre , avant qu'elles aient acquis leur intensité ; car, dans ce dernier cas , les secousses du vomitif les irritent, les aggravent & les dénaturent. Une foule de paffages d'Hippocrate & des anciens atteftent ces vérités ; mais il n'appartient qu'à l'expérience fage & réfléchie d'en fentir le prix , d'en faire l'application (1).

La fievre fynoque putride a lieu fpontanément dans toute faifon ; elle dure au-delà de 14 jours : elle fe montre rarement chez les enfants & les perfonnes délicates ; mais plus fouvent chez les hommes robuftes. Elle a rarement lieu deux fois la vie dans toute fa force : mais la chofe devient poffible , lorfque la mal-propreté , l'infection, le refferrement des malades, la rendent contagieufe ; mais alors, elle prend le nom de fievre maligne.

Les fievres malignes , nerveufes & contagieufes , ne font donc que la fievre fynoque putride , compliquée par l'infection du local , par les vers , les poifons , les affections de l'ame, les tempéraments délicats , épuifés , &c. Les miafmes , & la pourriture des matieres animales & végétales , les rendent telles. Les premiers étant déléteres & fédatifs , les rendent foporeufes , nerveufes , convulfives ; tandis que les miafmes des marais , les vapeurs humides , les rendent bilieufes, remittentes , doubles tierces ou tierces continues.

La faifon de l'hiver les rend pleurétiques , catharrales : le printemps les rend inflammatoires pendant le premier feptenaire , humorales & bilieufes pendant le fecond.

La fievre caufée par les miafmes corrompus , par l'infection feule , & indépendante de la conftitution de l'air & de la difpofition du fujet , peut n'être que de quatre jours , de fept jours ou de plufieurs femaines , felon que la caufe eft fimple , compliquée, expulfée d'abord, bien ou mal

(1) Il faut rarement purger au commencement des maladies aigues ; & lorfqu'il le faut , ce doit être avec beaucoup de précaution. Aphor. I. 22 , 23 , 24. Sect. II. 29. IV. 2 , 10. Il ne faut pas purger au commencement , fans qu'il y ait turgefcence (indication) , & le plus fouvent elle n'exifte pas. L. c. I. 22 , &c.

traitée, ou retardée par la foiblesse du sujet, &c. *Voyez* Lind, sur la *Contagion*.

Les mêmes symptômes n'indiquent la même maladie qu'autant que la saison est la même (1) ; & il y a plus à craindre de troubler par des évacuations forcées & répétées, que de laisser agir la nature. Cependant, dans tout cas de soupçon d'épidémie ou d'infection, un vomitif doux, dans un véhicule sudorifique ou diaphorétique, au commencement, est souvent un remede souverain. Lind, dans son ouvrage sur les fievres & la contagion; Sydenham, Huxam, Grant & plusieurs autres, en rapportent des preuves que notre propre expérience vient de confirmer. Mais il faut, pour cet effet, saisir le moment des premiers préludes de la maladie ; car il est dangereux de donner le vomitif & la serpentaire, même la camomille, lors de l'intensité de la grosse fievre avec rougeur, chaleur âcre à la peau, &c. : la saignée alors est préférable ; mais elle doit être faite avec circonspection.

Les maladies, les remedes, & sur-tout la saignée, qui en est un bien grand, n'ont qu'un temps, souvent un jour, une heure même de favorable, pour la guérison.

Durant l'épidémie qui vient d'avoir lieu à l'hôpital de Grenoble, où se rencontroient quelques fievres synoques simples, & un grand nombre de fievres putrides, la saignée a été d'une très-grande utilité : mais, il faut le répéter pour la troisieme fois, c'étoit au printemps ; nos malades étoient des jeunes gens vigoureux & aguerris, qui avoient beaucoup fatigué, & bu du vin pendant leur route, qui avoit duré environ un mois, à travers les neiges des Alpes. Autant nous avons été prodigues du sang français, dans cette occasion, autant nous étions avares du sang des

prifonniers, de celui des vieillards, des vétérans, des infirmiers, &c. pendant la même maladie.

Tous les grands praticiens ont fait faigner dans les
fievres éminemment aiguës : il n'eft pas jufqu'à la fievre
jaune du Sénégal, où des hémorragies journalieres &
copieufes aient quelquefois fauvé la vie au malade (1).
Les Egyptiens faignent pour la pefte & la diffenterie (2);
les Américains, pour la fievre jaune, &c. Or, nous
favons que la marche de ces maladies eft une fois plus
rapide; car le malade eft hors de danger ou mort le
feptieme, fouvent même le quatrieme.

On craint la faignée dans les fievres malignes, à caufe
de la proftration des forces, qui arrive après le feptieme
jour, même le quatrieme, fi c'eft en été : mais eft-ce
par épuifement ou fuffocation des forces ? Qui eft-ce qui
ignore le danger de la réaction vitale fur un corps vigoureux ? Chez les jeunes gens, dans un pays & une faifon
froide, le malade n'étant épuifé ni par l'âge, ni par la
maladie, la fievre n'ayant pas eu le temps encore de
convertir le fang en fueur, en bile & en urines; que
deviendra-t-il, lorfque raréfié par la fievre chez un fujet
robufte, il ne pourra fe faire jour par les narines ; vers
la peau, par la fueur; vers le foie, en augmentant les
fecrétions, &c. ? Il arrivera que la pléthore fébrile, jointe
à l'effet des miafmes, qui font de nature fédative, con-
centreront, retiendront le fang vers les parties précordia-
les, fur les vifceres, le cerveau même. Si la maladie
étoit moins aiguë, c'eft-à-dire, fi au lieu de fept jours,

_____

(1) Voyez Schotten, fiev. du Sénégal. Paris, in-8°, 1785, p. 56
& fuiv. Voy. Ifert, voyages en Guinée, p. 235 & fuiv.

(2) *Profper Alpin*, med. Ægypt., fol. 53 & fuiv. *Item Bontii*,
med. Indor., 32. Lind parlant des fievres des pays chauds, dit tres-
judicieufement, que la faignée proportionnée à la violence de la
fievre, & pratiquée au commencement, eft le meilleur moyen d'ame-
ner les remiffions défirées; mais qu'elle doit être faite avec beaucoup
de précautions. Vol. II, p. 3.

elle en employoit quatorze pour parvenir à son plus haut
période d'intensité , la saignée seroit moins urgente : mais
alors elle devient humorale, susceptible de crise & de
coction. Nous aurions, dans ce cas, jusqu'au douze , au
treize même , pour pouvoir saigner. L'un de nos officiers
de santé malade , le cit. Delorme, n'a été saigné que le
onze ; mais il étoit sanguin & phlegmatique, d'une taille
grêle , qui jointe à un dévoiement de quatre jours, avoit
ralenti la marche de sa maladie pendant les premiers temps.
Cependant la saignée le onze lui fut salutaire : elle fut
indiquée , forcée même par un transport qui lui faisoit
voir des militaires armés dans sa chambre & qui le tenoit
debout , & dans des alarmes qui l'eussent bien plutôt épuisé
que la saignée. Le cit. Girard , au contraire, autre officier
de santé qui nous a péri, n'étoit déjà plus en état d'être
saigné le six ; il avoit le pouls petit , irrégulier , & le teint
livide ou plombé. C'est alors le moment d'appliquer les
vésicatoires. Nous ne connoissons plus d'autre ressource en
pareil cas. Si la fievre qu'ils excitent , donne lieu à une
raréfaction dangereuse du sang, c'est un malheur : mais
il seroit plus dangereux encore de chercher à réveiller alors
le pouls par la saignée. Il n'est plus temps. En 1795 , au
printemps , des fievres synoques bilieuses & pleurétiques,
rarement compliquées de noirceur à la langue & de malignité , eurent lieu dans notre hôpital : la saignée réussit
très-bien , sans être indiquée par la fréquence, l'élévation
du pouls , ni par la chaleur & la couleur vive de la peau ;
mais elle l'étoit par les forces du sujet , par la saison du
printemps & par la rapidité de la maladie. La saignée
alors élevoit le pouls & animoit le temr ; elle sembloit
exciter le développement de la fievre en même temps.

Enfin, il nous a paru que, lorsque les sujets sont
jeunes & pléthoriques, plus la fievre est vive, plus sa
marche est rapide ; plus la saison approche du printemps
& des pays froids & secs, plus la saignée est urgente
& nécessaire.

Mais, après avoir infifté à préconifer le grand moyen de régularifer la fievre & de fauver les malades, ce feroit trahir la bonne caufe & même la vérité, que de ne pas en faire fentir les inconvéniens. Lorfque nous avons dit, que prefque toujours une feule faignée de dix à douze onces a fuffi (1.er mémoire, p. 25, &c.), c'étoit dire combien nous avons été réfervés, même timides à fon égard. Lorfque nous avons obfervé (p. 11, 16, &c.), que les hémorragies modérées ont été falutaires, tandis que dejà nous avions appris, ce que de nouvelles expériences fur cinq à fix malades n'ont ceffé de nous confirmer, que les hémorragies qui ont été trop abondantes & réitérées, les ont fait rechûter, nous avons cru pouvoir affurer que le nommé Auger (p. 26) eft mort faute d'avoir été faigné. Mais nous devons ajouter préfentement qu'un autre militaire nommé Rovera, également de la 58.e demi-brigade, ayant eu plufieurs hémorragies, en eft mort à la fin, le 27.e jour de fa maladie. N'eft-ce pas avouer notre crainte fur les dangers de la faignée?

Nous avons lu ce qu'on a écrit de plus intéreffant fur les fievres putrides ; nous avons exercé plufieurs années dans une ville où fe trouvent des hôpitaux, des prifons & une population de 25 mille ames. Si l'expérience, appuyée fur celle de nos aïeux, pouvoit encore laiffer des doutes ou des préjugés, les lumieres de tant de collegues qui nous entourent, & qui fouvent nous éclairent & nous encouragent, nous auroient raffurés.

Aux yeux des praticiens il pourra paroître que nous nous fommes trop appefantis fur la néceffité & fur la précaution qu'exige la faignée ; tandis que ceux qui n'ont pu encore éprouver leur jugement & leur fagacité au chevet des malades, mettront ces réflexions au nombre de tant de fyftêmes qui n'ont fait que retarder leur marche en ornant leur efprit. Ceux qui nous jugeront mieux, verront peut-être la peinture fidelle des doutes & des em-

barras que nous avons éprouvés : nous confentirons même
volontiers à ce qu'ils y trouvent la mefure de notre favoir.
Quoiqu'en publiant cet écrit, nous n'ayons eu d'autre
but que de fatisfaire à nos obligations & d'ajouter quelques faits aux recueils précieux de l'art de guérir, nous
fommes éloignés de vouloir gêner la liberté des opinions.
Nous la provoquerons au contraire : il s'agit du progrès
de l'art, il s'agit du bien de l'humanité. Il nous refte à
parler des moyens préfervatifs de contagion dans les
hôpitaux.

MOYENS prophylactiques.

Dans les hôpitaux, un bon portier, une bonne admi-
niftration ; des infirmiers-majors probes & inftruits ; des
officiers de fanté féveres, mais éclairés & juftes : voilà
les quatre bafes fur lefquelles roule cet édifice precieux
pour la vie des hommes. Leurs fonctions font diftinctes,
mais toutes également importantes. Sans leur accord &
leur harmonie mutuelle, les talents & la vertu viennent
ici échouer & s'enfévelir avec les bras les plus précieux,
pour le maintien de la république & de la conftitution.
Les moyens de falubrité font confiés à tous. Nous n'avons
pas befoin de prouver que chaque individu en a befoin
pour fa propre confervation : mais tous n'en fentent pas
également le prix ; tous ne font pas auffi en état de les
mettre à exécution.

Pendant que nous mettions à profit les inftructions des
infpecteurs généraux, des anciens confeils de fanté, des
légiflateurs, & que par un dévouement éclairé nous fai-
fions exécuter ce que notre propre expérience, les circonftances & les localités exigeoient de nous ; pendant que
les falles des fiévreux étoient tenues ouvertes jour & nuit ;
les linges & les hardes, furveillés & enlevés à mefure des
dangers ; les falles fanifiées avec l'eau de chaux & autres
moyens connus ; un excellent infirmier-major, le citoyen

Sachet, crainte de vol, entrepofoit momentanément dans un cabinet fans cheminée, qu'il occupoit fur l'efcalier, le linge fale dont il étoit chargé. C'eft à cet abus que nous devons fa perte. Pouvons-nous furveiller les individus, & fur-tout les employés, qui ne fentent pas eux-mêmes l'importance de la propreté, ni le danger des abus d'infection ? Ce fait feul prouvera jufqu'à quel point notre prévoyance doit fe porter, & jufqu'à quel point elle peut être furprife. C'eft ici que l'on prouve cette vérité avancée par Howard, " qu'une vigilance continuelle eft néceffaire " pour contre-balancer la tendance funefte qu'ont tous " les établiffements publics à dégénérer en abus ".

Outre les lavages, la propreté des falles, il faut fans ceffe avoir l'œil attentif fur le changement des lits, paillaffes, matelas, & des couvertures, lorfqu'elles font mouillées, ou lorfqu'elles ont fervi pour des malades atteints de maladies qui font craindre la contagion. Il nous refte préfentement à parler d'un moyen de falubrité auffi fûr que peu difpendieux & à la portée de tous. Que n'eft-il permis aux officiers de fanté, comme aux premiers Hébreux, qui dirigeoient les hommes, d'envelopper d'un faint myftere, d'un cérémonial religieux, les pratiques les plus fimples, afin de les faire obferver ? Le peuple aime le merveilleux, & fe laiffe prendre par le charlatanifme. Mais nous officiers de fanté, qu'on abreuve fi fouvent de ridicule ; nous qu'on ne craint pas d'affimiler à de vils charlatans, qui en ufurpent le nom, comme le fripon celui d'ami & d'honnête homme pour mieux égorger ; nous amis de l'humanité fouffrante, qui favons encore la confoler, lors même que nous ne faurions la guérir, nous ne partagerons jamais les rufes groffieres de ces vrais empoifonneurs de la morale publique, de ces fripons, qui ne fe vantent d'être médecins & habiles guériffeurs, que pour mieux furprendre la crédulité.

Préfentons donc ingénument à des hommes, à des

républicains, à la vérité encore novices, nos moyens fimples, comme nos actions ; offrons-leur ce tribut de nos
veilles, de nos hommages, & de l'expérience, que nous
avons achetée en commun. S'ils les méprifent, le temps
les fera reffortir, & en fera juftice.

En 1792, nous eûmes près de 80 diffenteriques, fur
100 malades. Ces maladies étoient fi preffantes que les
traces en exiftoient depuis le milieu des falles jufqu'aux
latrines. Après avoir fait ratiffer & laver le plancher,
nous nous avisâmes, comme moyen de propreté, de faire
répandre un lait de chaux récent fur le plancher : moyen
qu'un manque de local nous avoit prouvé, quatre mois
auparavant, n'être pas dangereux, pour y avoir fait cou-
cher les malades le jour même. Le lendemain, quel fut
notre étonnement ! plus de mauvaife odeur dans les falles,
plus d'infection : & dès ce moment, aucun malade ancien
ne contracta la diffenterie dans l'hôpital comme auparavant. Quinze jours après, l'infection de la falle & celle
des malades s'étoit fait appercevoir de nouveau ; nous
eûmes recours au lait de chaux : nous l'étendîmes à plufieurs autres falles ; il produifit par-tout les mêmes effets.
Plus de doute alors fur fon efficacité. Depuis cette époque, ce moyen a été conftamment employé & a conftamment réuffi.

Nous fîmes part de cette découverte au confeil de fanté.
Ses membres nous répondirent que ce moyen n'étoit pas
nouveau ; qu'en 1748 il avoit été employé à Oftende ;
mais que nous avions le mérite de l'avoir reffufcité. Nous
favons que la chaux fut, depuis bien des années & depuis
des fiecles, employée pour hâter la deftruction des cadavres. Dans le recueil des pieces concernant les exhuma-
tions de Dunkerque, on lit, pag. 25, 60, 61 & fuiv.,
que MM. Laborie, Parmentier & Cadet Devaux propo-
ferent le lait de chaux avec confiance, comme moyen
fuffifant pour *réduire les cadavres à un état inodore.* Un

fait pofitif & très-approchant de celui qui nous occupe, c'eft le fuccès obtenu par John Witte , chirurgien anglois, rapporté dans la relation de fon voyage à Botani-Bay , pag. 6. Voici fes expreffions : « Je propofai à M. Hunter, » commandant le *Syrius* , de faire blanchir avec la chaux » vive les cafes des condamnés à être déportés , afin de » prévenir l'humidité qu'occafionnent l'haleine & la tranf- » piration pendant la traverfée : ce qui fut exécuté ; & » j'eus le plaifir de voir que le fuccès avoit furpaffé mes » efpérances ». *Nota* que le voyage en mer dura depuis le 7 mars 1777 , jufques au 20 janvier 1788 : ce qui fait environ neuf mois & demi.

CONCLUSION.

Les détails que nous venons de configner dans deux mémoires, font le fruit des méditations & des réflexions que nous a pu permettre le fervice de l'hôpital. Elles fe reffentiront fans doute des diftractions inféparables de de notre état. Elles ne font pas rédigées avec ordre , ni peut-être avec affez de clarté. Heureux fi en nous privant des reffources que le cabinet , les auteurs & nos collegues du civil auroient pu nous offrir , elles ont pu nous pré- ferver des délires de l'efprit , des rempliffages de l'imagi- nation ! Nous allons en préfenter le réfumé par articles : les hommes de l'art expérimentés pourront les juger. Dans d'autres temps , nous donnerons le journal des conftitu- tions annuelles que vingt années d'exercice nous ont fourni. Mais nous n'avons pas dû laiffer échapper la plus impor- tante de toutes les occafions qui fe font offertes , celle qui durant l'intervalle de moins de deux mois nous a préfenté plus de 200 fievres aiguës , dont plus de la moitié étoient des fievres fynoques putrides femblables , qui, dans la pra- tique ordinaire , ne fe préfentent qu'en détail & une à une.

1.º La fievre fynoque inflammatoire ou fanguine , qui a lieu affez ordinairement durant la faifon du printemps, paroît dépendre du changement inévitable qu'éprouvent le sang & les humeurs, lors du passage d'une température froide à une autre plus tempérée.

2.º La surabondance des sucs digestifs, l'abus des aliments, leur mauvaise qualité, en accumulant des matieres impures sur les premieres voies, paroissent rendre ces fievres humorales, bilieuses, même putrides. Leur durée alors est prolongée du double, & elles ne peuvent guerir sans coction. La fievre & sa durée pendant 14 jours, en sont les instruments & les remedes.

3.º Les matieres putrides, les poisons, les miasmes contagieux produits par les matieres animales, par le défaut d'air, par la corruption, par l'accumulation des personnes dans un local trop resserré, rendent ces fievres malignes, nerveuses & contagieuses. Parmi les causes de contagion, il est prouvé que les hardes, le linge, & surtout les laines & habits, sont plus contagieux que les malades; que les cadavres le sont moins que les malades, & les malades moins que leurs vêtements.

4.º Les dispositions à la fievre synoque simple sont combattues par le repos, par la soustraction des aliments, par les boissons délayantes & par la saignée.

5.º Les fievres humorales, gastriques, bilieuses ou putrides, que le praticien ne peut souvent distinguer au commencement, sont combattues par la diete, les vomitifs doux, les acidules, les bains de propreté, & la saignée, si elle est indiquée, même après l'émétique, ou le soir du même jour.

6.º La contagion peut exister avec les deux causes précédentes de maladie, avec une d'elles, ou seule & separément. Dans les deux premiers cas, elle est subordonnée à la marche & à la durée de ces fievres; & dans le troisieme, elle n'en a pas de fixe, ni pour le danger de la maladie, ni pour sa durée. Elles dependent de l'état du sujet, de

l'intensité

l'intenfité des caufes & de la maniere dont les malades font traités. La contagion peut être expulfée par la fueur, le vomiffement, en un, trois, quatre ou fept jours, ainfi que Lind & nous, l'avons obfervé.

7.º La durée de la fynoque fimple, eft de 7 à 10 jours ; celle de la fynoque putride, de 14 à 17, quelquefois 21 : la fievre maligne ordinairement plus longue, eft aufli quelquefois plus courte.

8.º L'expérience nous a appris, que lorfque la contagion donnoit lieu à la fievre, elle fe montroit entre le 10.º & le 15.º jour après le contaft.

9.º Que les corps cacochimes n'en étoient pas toujours à l'abri ; mais qu'ils y étoient moins expofés.

10.º Que la réunion de ces trois caufes, la conftitution inflammatoire, la fynoque putride, & la contagion, exigeoient la faignée chez les jeunes fujets robuftes, avant le 7.º jour ; mais que le teint livide & plombé, le tremblement des mains, la petiteffe & l'intercadence du pouls, excluoient ce moyen d'une maniere abfolue.

11.º Que l'application des véficatoires au gras des jambes, au bras, même à la nuque, font le remede le plus falutaire & le plus urgent dans ce cas.

12.º Que la camomille, la ferpentaire, le camphre & le nitre peuvent être employés avant l'intenfité de la fievre & dès le moment de fon déclin ; mais avec précaution, lors de fon intenfité ou de fon plus haut période.

13.º Que le vin ordinaire, le vin de quinquina, & la poudre de cette écorce, peuvent être employés avec avantage après le 7.º jour : que le quinquina en fubftance, fur-tout après le 10, le 11, le 12, & même plus tard, donné le matin à la dofe d'un gros, dépouille fubitement la langue, fait tomber la croute noire qui la recouvre, rétablit la fecrétion & le renouvellement du mucus ; fait paffer le malade à une prompte convalefcence, d'au-

C

tant plus à defirer, que dès qu'elle retarde après le 20,
elle eft d'autant plus longue & plus incertaine.

TELS font les apperçus de notre expérience contre les
fievres, pendant l'intervalle des deux mois ventôfe &
germinal an 5, dans l'hôpital de Grenoble, où le nombre
des malades a été journellement de 300 à 866, parmi
lefquels fe font trouvés 1200 prifonniers Autrichiens ;
environ 600 Français, dont 100 ont eu des fievres
aiguës ; & plus de 100, la fievre fynoque putride.

La mortalite n'a pas été confidérable ; elle ne fut jamais
moindre dans l'hôpital parmi les foldats Français. Mais
la maladie a été funefte à 200 Autrichiens, à 12 infirmiers ou employés de l'hôpital, & à 2 officiers de fanté :
tandis que, fur environ 600 militaires Français, le nombre
des morts n'arrive pas à 20.

Dans d'autres faifons, dans d'autres pays & d'autres
circonftances, on fera obligé de fuivre une autre marche.
En offrant au public celle que nous avons fuivie, nous
avons eu pour objet d'exciter nos collegues à mieux faire
à nous faire part de leurs réflexions ; nous n'avons jamais
prétendu faire en deux mois une regle générale.

A GRENOBLE,

De l'Imprimerie de Vᵉ GIROUD & FILS, place aux Herbes.

www.ingramcontent.com/pod-product-compliance
Lightning Source LLC
LaVergne TN
LVHW022115080426

835511LV00007B/840